南太平洋的明珠

掀開所羅門面紗

本書描述所羅門群島人文地貌、奇風異俗、
傳統工藝、民族思想、自然景色、海產狀況、
環保意識、民生習慣、異國特產⋯⋯等。

冰谷·著

【序】

為老友浮一大白

　　老友冰谷先生來函，要我為他的《南太平洋的明珠》文集寫一篇序文。因為他的文章有一半我已在《南洋商報》讀過，文筆優美，內容奇特，如今由我為老友寫序，自感非常榮幸。

　　冰谷出身於一九四〇年，如今已經六十五歲。我記得當初認識他時，他大概只有十八、九歲，我已經四十出頭，說我們是忘年交也不為過。哪裡會想到四十多年竟然如飛而過，時間過得可真快。我已垂垂老矣！而冰谷也即將步入老境，卻能寫出如此美妙奇文，不禁為老友浮一大白！

　　一九六六年，冰谷五十六歲，居然遠赴所羅門去開山伐木。所羅門在什麼地方？我仔細查一查地圖，所羅門原來在澳洲的東北方，位於大洋洲，由馬來西亞飛行十幾個小時始能抵達。所羅門是個近千個島嶼所組成的國家，經過英國八十五年統治，一九七八年獨立，土地面積二萬八千餘平方公里，人口只有四十萬。說起來這是一個新興的國家。在未讀到冰谷的文章之前，我對所羅門一無所知，以為只是一個偏僻落後的群島；哪裡知道這裡卻是一個有近於世外桃源的地方。這裡土地肥沃，森林茂密，人少

地多，民風純樸。假如沒有戰爭，這個地方該是多麼質樸、多麼美麗、多麼可愛！

冰谷先生在這個群島住了六年，他說他雖然離開了這裡，但他的內心，卻在這裡留下了充沛的感情！這可以在這本文集中充分的體現出來。

本書共分為兩個部份，第一集收集十九篇，第二集收集二十一篇。所有文字都很短，利用空餘時間，兩天即可讀完。我在此謹以至誠的心情，向各位朋友隆重推介。

姚拓

《蕉風月刊》創辦人

南太平洋的濤聲

真意想不到，年紀愈大飄泊得愈遠。

當我應徵工作時，已是退休之齡了，沒有十足把握，幸專科醫院的醫療報告，身體狀況尚符合健康標準。

便如此，使我有機緣窺探所羅門群島的奧祕，夜夜在南太平洋怒吼的聲響裡，策劃一個閃亮的未來。

去國萬里，今次，已非文字上的誇張了。

從馬來西亞到所羅門，十餘小時的轉機換站，還要改乘內陸小型飛機，然後乘快艇追波逐浪，始抵目的地。那是一九九六年十一月初，我紮營於望古奴（Vangunu）島的墨如蘇（Merusu），展開了開天劈地的生涯，走向人生的另一段旅程。

幸而公司在這裡經營木業有年，墨如蘇也隨日子的流轉而成為鄰近島民出入的小村落。營裡的設施相當齊備，包括水電和車輛。而最令我欣喜的是宿舍前面的碼頭，隔著寬闊長形的防蚊紗，除了可以清楚看到堆疊如山的樹桐，連蔚藍平靜的大海，也盡入眼簾。海風不捨晝夜穿紗越戶，成為宿舍裡的常客。

　　說窗前望盡的是大海，不如稱之為內海（Lagoon）來得恰當。因為它終年風平浪靜；偶而起風，也只是波浪如紋，沒有翻騰起伏的拍岸氣勢。

　　紮營墨如蘇，真是絕佳的選擇，因為海面除了星羅棋佈的島嶼，尚有狹長如帶的珊瑚礁，形成天然屏障，阻擋著南太平洋捲起的層層巨浪。

　　但是，只需十分鐘的海程，出了內海，便是一望無際的茫茫汪洋了。潮起潮落的南太平洋，不分日夜、洶湧無情地沖擊珊瑚形成的岩岸，發出轟轟隆隆的驚天聲浪，有如一列奔向遠方的火車……。

　　好幾次，工餘之暇，我與島民出海拾貝，徜徉在嶙岣突兀的礁石上，一邊為浪濤滾滾的汪洋，另一邊則是靜如處子的內海，中間隔著一條珊瑚礁的海堤，竟形成了兩個絕然迴異的景觀，堪稱奇蹟！

　　便如此，我每夜在濤聲的呼喚裡，懷著淡淡的鄉愁，酣然入夢。

　　　　　　　　　　本文刊於台灣《宏觀報》，重修於2009年10月

目　次

第一輯　魚鱗的滋味

第二輯　　面山背海的日子

第一輯

魚鱗的滋味

在落後與文明間清醒

▲　所羅門群島位置圖

「所羅門究竟是一個怎樣的國家？」

當我告訴朋友我要去所羅門任職的消息，他們無不面露驚異，似乎不相信世界上還有名叫所羅門的國家；有些朋友則一知半解，問我是在非洲或南美洲。

「去不得，那準是個蠻荒之地，落後的吃人部落！」

朋友甚至如此瞎猜，像是好意勸我，令我啼笑皆非！

＊　　　　　＊　　　　　＊

　　一間多元化的掛牌公司，在所羅門群島從事木業活動多年，現在，要向有經濟潛能的油棕種植業發展，知道我在這方面浸淫了近乎十年，雙方接觸，條件細則也談妥了，合約白紙黑字也簽了，現在，唉，聽朋友你一句我一語，心中居然掀起了圈圈微波。信心，開始如輕風吹拂中的蘆葦，滑入了搖擺不安的狀態。

　　都一把年紀了，妻子、孩子，當然都不願意我漂泊異鄉，而且，又是那麼地詭譎、遙遠的地方。矛盾，不禁在我心間遊移著。

　　「去冒險？還是毀約賠錢？」

　　幾個夜晚，在出國前，總寐不成眠，靜寂中沉思，整個腦細胞就被這問題，一直困擾到天亮。

　　「不入虎穴，焉得虎子？」

　　深思熟慮之後，我重新調整了自己。

　　在人生漂泊的旅程中，我對自己說，讓所羅門成為我踏腳的最後一個驛站。

　　於是，毅然的，我攜著輕便的行李，趕上了漫長的征途，開始了萬里飛行。

　　在生命的旅程中，在我，是一個值得紀念的日子。

　　一九九一年十一月一日，傍晚，起飛。

　　時間如流，我在所羅門生活，不覺又一年多了。

　　先前的憂慮和恐慌，不安和猶豫，如今早就雲煙消逝；緊接

而來的，是對這個島嶼之國的眷念，漸漸還加上一份喜悅、一份好感！

童年時喜愛故事書，讀過《所羅門寶藏》一類的童話，當時心中嚮往不已。現在自己腳下這個所羅門，雖然沒有如童話中迷人的寶藏，卻也天然資源豐富，木材、海產之外，金礦的含蘊量也驚人，開採的工程已在去年起步；賺外匯的農產品則有椰乾、棕油、可可等。

由近千個大大小小島嶼所組成的所羅門，主要的大島有六個，與巴布亞新幾內亞、斐濟、瓦努阿圖、庫克島等，同屬南太平洋區域著名的島國。

若要與其他先進國家比較，所羅門的落後、貧窮、顯而易見，但是，當你踏上這個島國，經過深切的瞭解之後，親睹它朝向進步中對自然環境保護所作的堅持和努力，你在驚嘆、心服之際，不禁對這個群島之國肅然起敬！

為了子孫萬代、生生不息地享用取之不盡的海產資源，所羅門政府制定了獨特的漁業保護法令：凡海上捕魚一律只能用釣鉤，嚴禁任何魚網。

日本最大的鮪魚（Tuna Fish）公司Solomon Taiyo，擁有漁船大大小小近千艘，出產的罐頭鮪魚和鮮魚，暢銷全世界，捕魚用具也是釣鉤，別無他法。

木材出口是所羅門的主要經濟來源，但伐木又最易污染自然環境，因此政府規定凡是伐木地，河流的五十公尺沿岸列為緩衝區，樹木不論大小，永遠保留。超過海拔四百公尺的高山亦不許動刀

斧。樹桐卡車使用的泥路近河或瀕海，必須鋪石子或珊瑚石（島嶼沿岸多為珊瑚礁），方可通車載木；安置油槽，周圍鋪上洋灰，防止任何洩漏……

政府對這些保護環境的措施，不是關注，而是付諸實現，因此，國家在資源利用的過程中，人民的生活未受影響，處處依然空氣清新、青山綠水、藍天白雲，處處是一片人間淨土。

*　　　　*　　　　*

所以，所羅門成為南太平洋區域天然美景愛好者的休閒去處，也是性喜潛水觀賞海底世界人士的天堂！

處身所羅門，海水的蔚藍清澈如同一面菱鏡，永遠凝凝地吸引著你，縈繞著你；奇形怪狀、色彩繽紛的珊瑚，悠閒遊蕩的各種魚兒，不但歷歷在目，而且清晰可數呢！

這，就是所羅門的可愛處。

它在落後與貧窮之中掙扎舉步，卻淡定自若，寧可步伐緩慢，永遠堅持著原則和信念，於追求進步、文明的同時，保持著一份高瞻遠矚的清醒！

1998年3月16日刊於台灣《中央日報》副刊

嵌在南太平洋裡的明珠

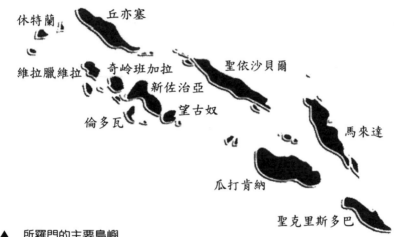

休特蘭　　丘亦塞

維拉臘維拉　　奇岭班加拉　聖依沙貝爾

新佐治亞

倫多瓦　　望古奴

馬來達

瓜打肯納

聖克里斯多巴

▲　所羅門的主要島嶼

　　所羅門主要的大島有六個，除了首都所在地的瓜打肯納（Guadalcanal）外，其他為馬來達（Malaita）、聖達依沙貝爾（Santa Isabel）、丘亦塞（Choiseul）、聖克里斯多巴（San Cristobal）和新佐治亞（New Georgia）。次大島有望古奴（Vangunu）、奇嶺班加拉（Kilimbangara）、休特蘭（Shortland）、維拉臘維拉（Vella Lavella）、倫多瓦（Rendova），大大小小近千個，島嶼的土地面積達兩萬八千平方公里，但人口僅四十萬，名副其實是地廣人稀。

這千個島嶼，分佈在一千公里的海域內，就像顆顆燦爛而又奪目的明珠，有的遠有的近，嵌在茫茫又遼闊的南太平洋的藍波裡，是那麼光鮮明麗、閃閃熠熠，又那麼地撼人心魂！

瓜打肯納，所羅門南方的大島，距離澳洲東部大城布里斯本只需三小時的飛程。來去所羅門，這是主要的航線；另一條，則需要經過巴布亞新幾內亞的首都莫斯比港。

雖然，首都霍尼亞拉（Honiara）是所羅門群島最大的城市，兼該國經濟、商業和文化的中心點。但如果遊覽所羅門，想尋幽探勝，一親天然風光，只流連駐足霍尼亞拉，就等於空入寶山。頂多，只捕抓了一點商業景象，和一些歷史的碎片而已！

而真正享受、觀賞熱帶的自然景色，必須走出瓜打肯納島，深入其他恬靜幽雅、人煙寥落的島嶼去。那裡，風光嫵媚、空氣新鮮，形成所羅門旖旎底獨特景點，亦即該國吸引外客的財源。

所以，一些經年風平浪靜的內島，已被有生意眼的人利用，搭起幢幢度假屋，設備了水電，高級一點的尚有餐廳；週末假期，你常常可以在各處遇見金髮碧眼的男女遊客，捐起沉甸甸的背包，乘快艇或飛機，尋找度假屋留宿。

我是替公司在望古奴島發展油

▲ 奇形怪狀的島嶼俯瞰圖

棕。這個島位於瓜打肯納東面，要乘內陸小型飛機一小時，降陸在新佐治亞島後，再改乘公司的快艇迎風破浪，經過近兩小時的勞頓，才安然抵達住宿的營寨。

每月，總得至少在營寨與霍尼亞拉之間往返一次。如此，益加使我有機緣接觸並觀賞這些似乎由上天安排而嵌鑲在淼淼大海裡的明珠底形形色色。通過了這種接觸、觀賞、體會和經驗，使我對人類生活所謂落後與文明、富裕與貧窮，有更深一層的領悟、瞭解。

所羅門的內陸飛機，只在人煙集中的村落升降。這些小型飛機只有十餘張機位，更小的僅有八張而已。飛機通常只在海拔二、三千尺的高空上飛行，俯瞰窗外，蒼翠蔥蘢、形狀奇特的島嶼星羅棋佈地浮在波光粼粼的藍海上。有些島與島連接的部份，狹狹長長，形如情濃的愛侶牽手在柔波中漫遊。

飛機繼續行程，掠過的島嶼愈來愈多，而形狀變化之詭譎越令人詫異、驚嘆！使你深深的感覺到自然界的神奇奧妙、鬼斧神工，可能上帝真有一雙靈巧善變、搓捏自如的巨手，把所羅門的島嶼打造得如此奧妙。

你瞧，那個島有如一根巨形的鉤球棒，狹長而尾端成鉤狀；那個島像汪洋中張牙舞爪的蒼龍，前面還吐出一顆綠珠似的小島；那個島像吹脹了的汽球，圓鼓鼓地浮在海上……

而潮起潮落，這些形狀不一的島嶼日以繼夜地任由驚濤駭浪拍擊它們的岸邊，但土地卻未因此而遭受腐蝕，反而在潮聲裡安然從容、堅毅不拔地，保持著片片深綠和青春，讓繁花碧樹、奇禽異鳥與人類，在它們肥沃的土地上不斷地衍長。

　　從高空望下，竟發現遼闊緲茫的海水，也有深淺各異的色彩；不見島嶼或島嶼疏落的萬頃柔坡，是亮閃閃的、與晴空一般的湛藍；纏繞著重重島嶼周圍則是另一番面容，海水呈顯粼粼深綠，是鴨背的深綠，是眼眸看了覺得舒服的深綠，是心扉也感觸到冰涼的深綠。而隨潮汐的退漲，深綠色的海面泱泱蕩蕩，宛如圈圈彩帶，與湛藍的闊海，顏色深淺分明。

　　這樣艷麗，這樣嫵媚的景象，怎不令人心旌震盪！

　　從飛機上看海、看島，是遠觀；下了飛機之後，在快艇上風馳電掣時，則是近賞了。

　　兩個小時的海程，快艇都是繞著望古奴島航行，重重密密的島嶼，高空看只見一片蒼綠，此時則是峻嶺低谷、老樹枯籐，一一在目了；島嶼沿岸，椰樹搖曳生姿。而土人簡單的屋舍，東三、五間，西七、八幢，疏疏落落地建在海灣的沿岸。

　　這些以「亞答」（一種長在河海交界沼澤叢林裡的棕櫚）葉搭蓋的屋舍，像馬來西亞早期馬來鄉村的高腳亞答屋。不過，這裡的「葉房子」，真正名副其實，因為除了地板，屋頂和四壁都是編織的棕櫚葉片搭建而成，雖然簡陋，但每排葉片均安編得井然有序，葉端修飾得整整齊齊，風韻別緻。

　　所羅門的土地，無論大島小島，大多丘陵起伏，少見坦蕩蕩的平原，但皆林木深深，蔥蔥鬱鬱。快艇在川行之間，有時前面看似已無去「路」了，而經驗老到的舵手淡定自若，安然掌舵，在窄如溪流的灣峽間，快艇轟然飛馳而過，如水上振翼的鵬鳥。眨眼間，

另一片汪洋大海展露眼簾，驚異讚嘆之際，不免狂呼「山窮水盡疑無路，柳暗花明又一村」。

　　陶淵明若在此，我想，一定結廬島上，除了蒔花藝草，兼在犬吠、雞鳴、鳥叫聲中，寫詩！

1988年1月10日寫於望古奴島

市集不聞叫賣聲

那天，剛到霍尼亞拉，才在宿舍放下行李，識途老馬的總經理便急著拉我去逛露天市集。

無疑地，最能反映一個地方人民生活色彩的場所，該是樸實無華的露天市集。

來到萬里外的所羅門群島，聽聞居然還有擺攤子的市集，我豈能不去了解、去見識、去體會島國的風土人情；況且總經理還說，這裡的鳳梨甜而多汁，兼無纖維，聽得我不禁垂涎三尺，食指大動！

我們的宿舍在鵝西（Ngossi）嶺，一個不算高的丘陵上。從鵝西嶺下來，轉入大道，便是霍尼亞拉露天市集的地點了。市集靠近海岸，海岸前面是湛藍的鐵底海峽（Iron-Bottom Sound），忽高忽低的千層浪濤，不分晝夜的起起落落，奏出嘩啦嘩啦的音響。

霍尼亞拉的市集全日開放，驕陽雖已傾斜，市集內依然摩肩接踵，人來人往。這和馬來西亞的市集就大有區別，馬來西亞有早市、夜市之分，早市一到中午就人去樓空了，夜市則下午三、四點開市，入夜九點收攤。霍尼亞拉市政局雖在市集地點建了幾間亭子，讓小販擺賣，但大部份小販都把土產、貨品攤在地上，沒有攤架和帳蓬；不像馬來西亞，小販除了架攤搭蓬之外，夜市還得自備小型發電機和燈盞，沒有車輛或人手不足，就不能營業。

▲　霍尼亞拉的市集

　　這個市集的範圍不廣，我們邊走邊看，不消半小時便走完了，所見擺賣的土產不外乎鳳梨、西瓜、木薯、番薯、豆瓜、蔬菜等，海產只有鮮魚，不如馬來西亞的百貨齊全，多彩多姿，吃的看的聽的玩的穿的，無一不有。

　　除了魚販，其他各個攤位都不用秤稱，蔬菜和長豆，逐把逐把以芭蕉葉裹著，以把論價，蕃薯、木薯、花生則堆疊……總之，凡是售賣品，都清清楚楚地逐樣標明售價，老闆就輕鬆的坐在攤前，咀嚼檳榔，與左右同行聊天、說笑，有些甚至在紡織手藝。顧客看貨，任挑任選，他們絕不會賣瓜讚瓜香，向你推銷，或與同業爭奪顧客，頂多，他們只向你道一聲早安或午安，或拋給你一抹微笑！

　　而在馬來西亞，小販間生意競爭劇烈，有時因此造成同行如敵國，互相仇視的現象十分普遍。所羅門的市集小販是以輕鬆閒逸、心平氣和、以靜待動的態度對待生意。他們一不拉客，二不叫賣，

三不宣傳，只悄悄的守在攤前，待你看夠了，挑好了，把鈔票從口袋拿出來時，他們才慢條斯里的點算價錢。

所以，整個露天市集，即使門庭若市，小販雲集，也不聞叫賣聲。

我工作的營寨位於望古奴島，來往霍尼亞拉要乘飛機兼汽艇，但我每月都從營寨出來，回去時免不了大包小包蔬菜瓜果，供伙食部職員食用。因此逛霍尼亞拉露天市集竟也成了我每月的必須，對這裡的小販所堅持的做生意態度與方式，也進一步體會和認識。

薄利多銷，似乎是華人歷來經商的經典，初逛市集，也想借用薄利多銷這「經典」，撈取些許優惠。

青菜一把三元，買二十把有得商量價錢吧？

——賣主把頭一扭，我會意。

那麼我付六十元，你多加一把總該可以吧？

——對方沒答腔，卻轉臉與隔鄰同業聊天了。

我自感尷尬，快快地離開。後來我發現土人無論在哪裡購物，總是拿了貨就付款，從不殺價。從此我也學乖了，入鄉，當然要隨俗。

除了千萬別殺價，在露天市集購物，尚有一點須記得：要自備塑膠袋裝貨。

第一次與總經理上市集，我們首先買了兩個鳳梨，付了帳，我向賣主要塑膠袋，對方指了指背後，原來另有賣塑膠袋的攤子。一看價錢幾乎驚叫起來：中型五角，大型一元。我只好把水果提著，左右各一個。走不遠我們再買兩個蜜瓜，這時我們兩人四隻手都滿了。最後去買魚，總該有個袋子吧？我想。怎知道魚秤好了，錢也付了，魚

販卻沒有把魚處理，那幾尾鮮魚，又腥又濕，手上即使沒拿水果，也不能赤手提著滿街跑呀！這時我們只好忍痛買塑膠袋了。

由日本政府資助興建的中央市場（Central Market），已在去年落成啟用，近千個攤位供小販營業。但是，原有的露天市集仍舊天天開市，小販也照常擺攤，然盛況似乎已較遜色。

其實除了霍尼亞拉，所羅門島上的大大小小村落，都有個別的露天市集，有的每週趕集一次，有的兩次，論熱鬧和繁盛，與霍尼亞拉自然難以匹比了。

1980年3月22日寫於望古奴島

註：1元所幣約等於8元台幣。

魚鱗的滋味

▲ 這樣的大石班經常可釣獲

那是一生中，我最最難忘的日子。

那一天，是去年的十二月二十五日，聖誕節，所羅門全島歡慶的佳節。然而，令我難忘的，並非聖誕的歡樂氣氛，而是我有生以來，第一次，嚐到了魚鱗的滋味。

甜美、細嫩、幼滑的鮮魚味道，連小孩子都深深知道。魚肉為家庭、餐館、酒家不可或缺的名餚。但是，一般人只吃光溜溜的魚肉，把魚鱗打得半片也不留。盡管人人都喜歡吃魚，但卻厭惡魚在水中保護身體的鱗片，認為那是不可吃的部份。吃飯時不慎把一小片魚鱗吃進嘴裡，我們的反應是連飯一起吐出來。

所以，烹煮之前，廚師務必把魚鱗打得乾乾淨淨。

偏偏，所羅門島民吃魚從不去鱗。

他們烹魚的方法，永遠只有一種——燒烤。

市場魚販賣魚，破肚挖腸去臟之後才賣給顧客，但是不去鱗。我有點納罕。後來我才知道，原來島民烤魚連鱗一起烤；後來我更加知道，連魚鱗一起烤，不易把魚肉烤焦，也不會「粘」鐵板。

我這個重大的「發現」，得感謝佛蘭基。在他盛情邀請下，我有機會參加他們全村去年聖誕節舉辦的燒烤會。佛蘭基是一名土人木匠，住在拿篤蓋（Nggatokae）島，去年為公司承建了一座工人宿舍，聖誕節的前一天趕好，領了四千元所幣建築費，扣除幾個工人的工資，他淨得之數大約不會超過千元。

領工資當天，他興奮地對我說，「Boss，明天我們有個聖誕燒烤會，你一定得來湊熱鬧，明天早上我來接你。」

我點頭說好。我想佛蘭基也不過隨口說說而已，並不在意。

＊　　　　＊　　　　＊

「篤篤篤……篤篤篤……」

「Boss，我的孩子和Canoe都在碼頭上等候了，可以走了嗎？」聽出聲音，敲門的正是佛蘭基。果然他來真的。

就這樣，我上了他的獨木舟，向著拿篤蓋島的方向前進。望古奴與拿篤蓋兩島，僅一衣帶水之隔。舟艇出了平靜的港灣，海洋換上另一張臉色，一望無際的南太平洋即以轟然的聲響迎接我們。

舟兒沿著岸岩行駛。那些褐色的暗岩，其實全是珊瑚礁。這時佛蘭基把速度放緩，我還以為是迴避海浪，只見他的兒子拿起絲線和釣鉤，往舟尾的海中拋出去。

「人多，怕魚不夠吃，順路多拖幾條。」佛蘭基解釋說。他還告訴我，這種釣魚法叫「拖釣」（draw line fishing），只須釣鉤，不必餌也可引魚上鉤。

果然，說話間，他的兒子已拉上了一尾魚，丟在舟上，任其「劈啪劈啪」地掙扎蹦跳，他又忙著重新整理絲線，拋落海中。

獨木舟依然緩緩地行駛。

不一會，絲線又被牽動了，又有尾魚扭動著尾巴被拉上來。我們到燒烤會的地點約莫半刻鐘，我們上岸時點算，總共有三十多尾魚，都在一公斤左右，每尾還在不斷地怒目睜眼，呼呼喘氣。

燒烤的地點選在一片遼闊的椰林，從樹幹聳高的情形臆測，這片椰林的樹齡已超過二十年，地上到處都是掉落的乾椰子，有的又在冒芽生長，一片雜亂荒涼，顯然整個椰林久已無人問津。

參加燒烤會的人，包括男女老幼，都在椰影下各自忙碌，小孩則在蹦跳玩樂。我是最後到會的人，也是唯一的外來客。他們見了我，臉帶笑容地歡迎，小孩卻以驚異的眼光凝望著我，其中有幾個更慌亂的嚎啕起來，彷彿我是從火星上驟然掉下來的異物。

佛蘭基為我介紹了幾位長輩，包括一位村長。他們對我這次到來參加燒烤會，感到無限的雀躍欣喜，島民對外國進步文明的崇敬、仰慕之情，在他們誠懇、親切的交談中表露無遺。

我邊走邊看，見到一名少女以鐵板烤魚，香氣四溢，旁邊椰葉編就的籃子裡還放著很多烤便但沒有去鱗的魚。

　　「嗨！」我上前去，與她搭訕。

　　原來她是佛蘭基的侄女，名叫多莉。她一面用竹片翻動鐵板上的魚，一面向我點頭微笑。多莉帶有其他所羅門少女的普遍特徵：唇厚，髮黑，身材豐腴。

　　這時，村長宣佈燒烤會正式開始，大家忙把帶來的木薯糕、白飯、番薯、香蕉、黃梨等擺在鋪上椰葉的地上。沒有筷子，沒有刀叉，大家都是用手取吃。

　　多莉可能擔心我吃不慣他們土製的糕餅，把盛魚的盆子送到我面前。我隨手抓起一尾尚帶餘溫的魚，正猶豫著該如何下咽，多莉放下盆子，接過我手上的魚，把鱗片剝掉。我這才明白，輕輕一撕，魚皮連魚鱗一起脫落，剩下的便是乾淨香美、任君品嚐的魚肉了。

　　「我們所羅門人吃魚，有時候連鱗片也一起吃。」多莉告訴我說：「其實，燒焦之後，魚鱗極香脆，還帶有豐富的鈣質呢！」

　　我問她怎麼知道魚鱗有鈣質，她說讀中學時老師講的。

　　「了不起，還是中學生。」我稱讚道。

　　然後，她招我到先前烤魚的樹下。剛才她烤魚的火碳仍未全熄，燙熱的鐵板上留下很多魚鱗，多莉抓著一把往口裡送，問我：「Boss，想不想試試？」

　　看她吃得那麼瀟灑、開胃，那麼津津有味，而鐵板上片片烤得曲蜷如蝦餅的魚鱗，晶瑩剔透得爆炸出縷縷誘人味蕾的香氣。我於是不再猶豫，抓一把放入口中咀嚼。

　　啊！我不禁驚呼起來，真的感到意外與驚訝。魚鱗，真的那麼香脆可口，輕輕一含，便已碎裂，如同嚼蝦餅，嗦嗦有聲，一幌間，我將鐵板上風味獨特的魚鱗吃得半片不留。多莉樂得大笑起來。

　　活了半個世紀，我才有機緣一嚐魚鱗的滋味，我如何能輕易忘懷呢！

1998年6月27日刊於《南洋商報》商餘版

鳳凰紅似火

霍尼亞拉，能夠被選作所羅門群島的一國之都，自有其迷人的景色與風光。

她除了是群島的經濟、教育、文化的樞紐，同時也是全國唯一擁有國際機場讓外國班機起落的城市；此外，她還是全國最大的貿易商港，日夜有大輪船進出，吞吐各類商品貨物。

提到旅遊景點，霍尼亞拉有文化博物館，有美日和平紀念碑，有木雕藝術廊，有露天市集，有迪斯可舞廳和賭場，有設備齊全的酒店，使這個坐落於鐵底海峽邊岸的城市，平添不少風采和魅力。

但是，霍尼亞拉給我深刻記憶的，倒非這些旅遊景點。

我初到霍尼亞拉，是在一九九六年十一月初，時間下午二時許，巧逢所羅門的旱季，驕陽雖然有點傾斜，熱度則未稍減。經過萬里的穿煙掠雲，本疲憊得有點昏昏欲睡，但當驅車出了機場進入市區之際，我矇矓的雙眸不禁為之一亮。是甚麼奇特的高樓大廈吸引我嗎？

——不是。

是街道兩旁的火鳳凰！

是燃燒的火鳳凰！

霍尼亞拉的商業建築，依海岸發展，所以整個城市狹而長。超過兩公里的街道，兩旁有遮蔭的鳳凰樹，從街頭一直排列至街尾，雖然種植稱不上井然有序，卻生長得根虯盤踞、枝粗椏壯，顯凸在歲月風霜裡它們頑強不倔的風貌！

深深的撩動我眼目和心弦的，當然，並非這些鳳凰樹的根虯和枝椏，而是它們頭頂上爆發的紅艷艷的花簇，一如叢叢劇烈的火焰，不停在燃燒，不停的向周圍環境射出扎目的火花。

那麼地鮮紅，那麼地絢燦，那麼地繁密，那麼地拔扈的花簇，即使是火鳳凰，在我，也是第一次親睹！

——而驕柔的綠葉呢？

在馬來西亞，鳳凰樹也隨處可見，因為是喬木，樹形高大，多數在馬路旁或高爾夫球場出現，住宅庭院似乎不多見。熱天開花的時候，也十分艷麗奪目，但花簇間鮮紅裡總見綠青，疏疏落落參夾其間。

而霍尼亞拉的火鳳凰，無論大棵或小棵，旱季裡落盡了葉片，滿樹梢盡是紅艷艷，樹幹彷彿托著一個大火球，熊熊的火勢，不只燃燒了整條街道，還點亮了商店、行人和穿梭不停的車輛。

此情此景，不禁令人想起梵谷的畫，那種旋轉式焚燒的氣焰。

燃燒的向日葵，燃燒的曠野，燃燒的叢林，連青綠色的松葉，也變成了熊熊的烈焰。

去年，幾次從工作的營寨飛往霍尼亞拉，都巧遇鳳凰木熱情地吐艷，心中不禁暗喜，我與火鳳凰畢竟有緣。

曾經幾次，我在街上獨自步行購物，不經意踩到地上鳳凰樹火紅的落瓣，仰首一望，驚人的花簇依然親暱地相互擁抱一起，好像不願被風吹離枝椏而留落街頭，讓路人踐踏。

　　我明白花瓣默然傳達的暗語。於是，我轉移腳步，讓這麼嫵媚這麼繽紛的落花成為鞋底亡魂，我於心何忍？

　　除了火鳳凰夾道的火焰，你說，霍尼亞拉還有甚麼更能繫住異鄉客寂寞心魂的？

　　不禁想起曾經為霍尼亞拉寫過的一首詩：

　　有一抹彩霞　　在鳳凰樹頂

　　焚燒著　　一焚便染紅了

　　馬路與天空

　　熱氣薰天

　　連行人的黑眼睛　　也逗得噴出火焰

1980年6月13日刊於《南洋商報》商餘版

第一輯・魚鱗的滋味

納利果樹，林中樹王

　　所羅門群島的出口以木材排首位，木業是該國的經濟命脈，外匯的主要來源。直到今天，群島仍有九成的土地為熱帶雨林，換句話說，該國尚有一段長遠的日子仍可依賴木業而生存。

　　所以，盡管帶有神祕、詭譎的原始森林，蒼蒼莽莽、瘴癘氤氳，而且瘧蚊紛飛，卻是該國的天財地寶，外國投資謀利的焦點。

▲　結實累累的納利果樹

　　像其他國家的森林政策一般，所羅門也有本身的木材禁忌。在蓊鬱深邃的森林裡，有三種木材不得砍伐和出口，它們為黑檀木（Ebony）、舟木（Canoe Tree）和納利果樹（Ngali Nuts Tree）。黑檀木和舟木留待土人作木雕藝術和造獨木舟之用，循例仍可砍伐，只有納利果樹，在嚴禁砍伐與出口的保護傘下，傲然獨立，迎風逍遙！

　　所以，納利果樹在所羅門被譽為森林中的「樹王」。木山若

是誤砍一株，被查山員發現不是罰款或警告即可平息了事，而是把公司的砍伐執照吊銷，由此足見所羅門政府對納利果樹視為國寶，廣獲人民珍惜。

這是甚麼原因呢？

原來當熱帶的椰子未在所羅門的土壤落地生根以前，島民的祖先已懂得在叢林中尋找納利果，作為食用。因為成熟的納利果仁，也如落花生一樣，除了鮮吃，尚可榨取油質，用作烹飪，而且品質優良，芳香無比。

我極有口福，來到霍尼亞拉的第一天，便嚐著了這所羅門的國寶，並且對它一見傾心，留下深刻的印象。

那個下午，總經理和我把行李安頓在宿舍後，一陣風也似地去逛市集。

「那是甚麼東西啊？」

我看見許多攤子，擺著小堆小堆晶瑩剔透、小指頭般大小的東西，好奇的問總經理。

「呵！所羅門特產納利果，味道與眾不同，嚐一嚐吧！」老馬識途的他說完也不待我回腔，便向小販道：「來，替我包起這兩堆！」

於是，我們兩人，一人手中一把納利果仁，邊吃邊走。

這些攤子小販所賣的納利果仁，已經去除了堅硬的外殼，吃時輕輕一剝，棕褐色的仁膜便脫落，細扁的果仁脫穎而出，儼如白玉；有時小販為了方便顧客，連仁膜也摒除。

我把果仁放入口中，輕輕一嚼便碎了，其渙散在齒縫間的薄荷味，淡淡的，似有若無，卻歷久猶存！

　　除了嚐鮮，納利果還是烹飪調味的好配料，蒸魚、炒菜、煲湯，一樣可以配搭，添加菜餚的美味。但是，土人吃納利果，更多是經過烘烤。

　　雖然很久以前納利果經被土人食用，但直到今天由人工栽種的納利果樹仍舊有限，大部份的果實還是來自原始森林。在果實掉落的季節，土人每家大小都在叢林裡忙碌，把屬於自己土地的果實逐顆逐顆撿起來，裝入袋子背回村裡，用尖石塊當鑿子，逐顆逐顆將果實鑿開，取出果仁，以粗厚的大葉片包裹著，投進火紅的卵石堆疊而成的「烘爐」裡，經過約二十分鐘燒烤的納利果仁，色澤光鮮依然，芳香四溢之外，也更鬆脆可口，另具一種風味；密封儲藏，品質經年不變，酥脆細潤依然。

　　納利果有一層堅硬的外殼，同時硬殼稜形如橄欖，兩端尖銳，又很光滑，砸殼取仁，也是一門技巧功夫。初次在林野間拾到納利果，我欣喜欲狂，也有樣學樣想以尖石塊砸破果殼。一試再試，砸了又砸，直至誤砸自己捏緊果實的兩根指頭而楚楚呼痛，納利果仍然毫無裂痕。後經土人指點祕訣，才恍然大悟：要把果實豎立，砸其尖角，厚殼才易爆裂，同時也不致傷及果仁。破殼取仁這門功夫，看似容易，但力度要拿捏得精確也不簡單。然而，土人經驗老到，技巧純熟；連七、八歲稚齡的孩子也一樣石落果爆，在納利果成熟的季節裡，與父母共享豐收的歡樂！

　　按照土人祖先的習俗，每當納果收成時，必舉行營火會，男女老幼高歌狂舞，整個村落均沉醉於極度的喜躍中，一是以慶祝豐收，二是恩謝神明！這種歡慶的儀式，現在雖已不復存在，可是，所羅門土人對納利果尊為「珍奇」、視為「國寶」的傳統觀念，於今未改！

學名Cananium Indicum的納利果，有多個品種，最常見和最受歡迎的有兩種：一種樹高四十到五十公尺，樹幹粗壯，葉厚而長；另一種樹形略矮，葉片呈橢圓形，比前者薄而小片。

納利果的花蕾綻開於葉端，淡白色的、細細的一束一束，樹高花細，並不特別撩人眼目；但是它外皮綠慘慘的果實就不同了，成串成串地把枝椏連葉壓得向下彎垂，使經過樹下的行人不禁引頸仰望，對那你擁我擠形如橄欖的納利果作一番深情的注目禮。

果實雖小，但納利果彷彿十分眷戀母樹，兩個品種均於每年的十二月間開花，樹矮葉圓的一種要經歷漫漫的六個月，果實才在陽光的熱烤溫蒸下緩緩變色，更改了它們的容顏，由青轉黑。等到風起雨落，樹搖葉踊，納利果蒂脫果墜的時候，七月已在季節裡衰老了。而樹高葉厚的那一種，果實需要更長的成熟醞釀，十二月的花蕾須待翌年的秋末冬初，它們才一齊認老，依依不捨地自枝頭掉落地上，讓土人載歌載舞地大唱豐收！

果實邁向成熟要經歷哪麼悠長的蘊釀期，不只令人引頸興嘆，對納利果而言，也真是一場苦旅！

在馬基拉（Makira）島，有個小型納利果油廠，加工的果油賣給澳洲和美國，每公升高達十六美元。納利果憑其芬芳撩人的香味，成為兩國化裝品製造公司爭奪的對象。

平日的叢林，寂寥而荒涼，每當納利果皮裂果墜的季節，便飄起了聲音，瀰漫著蓬勃的朝氣，和土人不須耕耘而有收獲的愜意歡笑！

1998年6月11日於望古奴島

星期六晚的酒味

　　時速二十五公里。不是因為汽車老舊，而是霍尼亞拉的公路，凹凸不平，百孔千瘡。但更不安的是，駕車的我是一個異鄉客，面對陌生的國度，陌生的環境，陌生的公路，我只能循規蹈矩，不能逾越。

　　昏沉沉的夜晚，漆黑黑的道路，車行超過了半小時，仍不見一輛車迎面而來。除了風聲偶爾呼嘯一陣，週遭像是死一般的寥寂。我彷彿進入了「萬徑人蹤滅」的境地。

　　我並不怕黑。一個在橡林和棕園裡消磨了數十寒暑的拓荒者，早就練就了一對孫悟空一般的金睛火眼。不要說黑暗，連魑魅魍魎也不放在心裡。

　　而我此刻悸慄不安。為何如此放心呢？居然讓兩個黝黑如炭而又素昧生平的土人坐上自己的車子。

▲　所島最著名的SolBrew啤酒

「我為你帶路。」就這句話，我把累積的人生閱歷埋葬了。世界上真會有這樣好心腸的人嗎？都怪自己一時糊塗，這麼輕易地相信兩個陌生人。

我一面駕車一面思索，最終還是六神無主。

＊　　　　＊　　　　＊

翌日我便得回去望古奴島了，機票也已訂購，今天是我逗留在霍尼亞拉的最後一天，但是到了下午五點半，我才突然記起有一件重要的事沒有辦：從馬來西亞運抵霍尼亞拉的油棕農藥，放在碼頭倉窖已好幾個月，手續尚未辦妥。我必須趕緊去找露絲‧莉蘿奎拉（Ruth Liloqula），農業部的女強人，所羅門的農藥條例嚴苛，她是唯一能操刀解救我的人。

我馬上拿起電話，好在她在家，但她要有關農藥的詳細資料，換句話說，我非往她家跑一趟不可了。

問她住家的地址，她雖說得很清楚，但我卻聽得模模糊糊。丟下電話筒，飛快下樓，我駕車入市區，匆匆忙忙地在超級市場買了兩包水果便上路了。看看手錶，這時候快六點半了，如此陌生的地方，能找到女強人完成重要的「使命」嗎？耳畔猶響著她在電話裡細小如蚊的聲音：「我住在Dodo Greek農業研究場的宿舍，這一帶叫紅橋（Red Bridge）。你出了霍尼亞拉往飛機場的方向走，過了飛機場約再走八公里，有一道狹窄的單行橋，就是紅橋，繼續走下去，我的家在研究場的終點，拐一個九十度的大彎，中間經過……」

　　我的腦海一陣昏沉沉，一如所羅門早來的暮色，才六點半，夕陽便已踩著鐵底海峽的浪潮，驀然隱去。瞬息間，黑夜順序撒下了無邊的大網。真是船遲偏遇對頭風，車出市區，汽車的油針向我發出緊急訊號，汽油快罄了。

　　還好，印象中機場附近有個加油站。

　　古人說「路在口邊」，添油後付了帳，順口問一問服務的土人去研究場的路向。

　　「啊！真巧，我就住在研究場附近，我可以帶路。」一個魁梧高大的土人毛遂自薦。

　　「我太太在農業研究場工作，露絲正是她的上司。現在我下班了，我也想回家，不如一起走，你載我們。」另一個也高興地說。

　　踏破鐵鞋無覓處，我真遇到貴人了，心中的興奮，非筆墨可以形容。這時，夜色愈來愈濃，而且我發現，一過了機場，伸延向前的道路，一片濛濛地，顯然是沒半盞路燈。甚麼紅橋等標記，除非我有一對貓眼，不然……。「好，一起上車吧！」我已沒有回頭路。

　　俟他們一前一後跨上我的車，這我才發現，他們手裡各自拿著幾罐Solbrew（所羅門最暢銷的名牌啤酒），一坐下便「的達的達」拉開鋁罐，開始喝了。

　　於是，我開動引擎，載著兩個滿身啤酒味的陌生客，在萬籟俱寂、荒涼清淒、緲無人煙的路上行駛。

　　「Boss，今天星期六，領了薪，我們習慣喝點啤酒，明天是休息日呀！」坐在我身旁的一個解釋。

顯然他們明瞭我的疑慮。

哎呀，是星期六！我一時倒忘了，星期六是土人狂歡的日子；喝酒之後，狂舞、鬧事，男男女女通宵達旦。

想到星期六，想到與自己共車的兩個不知姓名的酒客，我心裡不禁狐疑、焦慮、驚恐，兼而有之……

漸漸地，我覺得自己全身都在冒汗了。

身旁的那位土人雖然酒味濃烈，但依然清醒地為我指路。但是，他的談吐並不能減低我的恐懼。

互不相識，這麼好心做免費嚮導，會不會心存不軌？他們兩人都長得胳膊扎實、虎背熊腰，同時兼有土人強悍威猛的體型，五短身材又纖弱的我，一個也應付不了。

黑夜裡，路更顯得漫長而悠遠，兩旁既無屋舍，又不見燈火，天上也沒有淡月和疏星，真是一個冷冷清清的寒夜，異鄉蕭索的寒夜！

惶惶恐恐地，汽車不知走了多少路，後座的土人突然喊道：「Boss，慢！慢！靠左，由這條小路進。」

我雖猶豫，卻也隨他的話把車煞慢，車頭燈所照到的泥徑，嗚呀！兩邊盡是密密叢叢的蘆葦，這樣偏僻、荒蕪的鬼地方，會有農業研究場嗎？

「分明想伺機而動。」我驚悸加深，心跳加速。正想下車，後座的土人又開腔了：「Boss，這荒地後面便是研究場了。你看那裡不是有朦朧的燈光嗎？」

果然不錯，遠處有燈光，心中的不安略為降低。

於是，我把車拐入荒涼的小徑，經過了濃密的蘆葦叢，真的就是農業研究場的所在。

他們在途經的俱樂部下車，等我。

找到女強人，呈上農藥的資料，終於鬆了一口氣。

我轉車出來時，他們已經在路邊樹下等候。他們花時間為我做嚮導，送他們回家理所當然。可是當他們一跨進我的車座，一陣比先前更加濃烈的酒精味撲鼻而來，顯然他們在俱樂部又趁機狂飲。更叫我噁心的是，他們的手上居然還提著好幾罐啤酒。

共車經過了一小時的路程，我對他們的「戒心」剛剛鬆懈，現在又酒氣熏身，狂歌亂語，我不禁又再焦灼難安了。即使他們全無惡意，但酒能亂性呵！

土人不論男女，都喜歡飲啤酒作樂，但往往因醉惹事生非，所以我們的營寨禁止飲酒，也禁止賣酒。

「朋友，你們已飲了很多了，留著回家喝好嗎？」我不敢生氣，低聲地說。

「Boss，不必擔心，我們每人喝一箱也不醉。」

遇到了醉徒，我沒話可說。

關好了車門，我尚未發動引擎，又聽到開酒罐的聲音了。在夜色迷濛中，我感覺得出自己的每一根細胞都被酒味的恐懼縈繞著。

汽車出了研究場，走不到三公里，他們突然齊聲喚：「到了！到了！」

我本能的戒備著，防他們有任何行動……

他們下了車，其中一個半醉半醒地說：「Boss，謝謝你送我們回來。我們的家還要走一段路，路窄，車難行，不敢勞煩你。」

步履蹣跚地走沒幾步，又回頭關心的交待：「Boss，車轉回頭，一直行便是霍尼亞拉了。路上千萬記得不要讓人上車！」

「任何人攔車都別停！今天是狂飲的星期六，搭順風車的人十居九都是醉醺醺的。記得，一直走，不可停車！」

當我駕著車子走了，隱隱地，我猶聽到另一個土人不停叫喚。我差點沒被嚇破膽，還敢在半路載酒徒嗎？

直到第二天，我的汽車尚瀰漫著衝天難聞的酒味。

赤足享受大地的溫情

初到霍尼亞拉，見到土人無論男女，在街上溜達時很多都跣足赤腳，以為是流浪的無業遊民。

其後住在偏僻的營寨裡，與來自各地的土人一起工作，共同生活，偶爾有暇也深入島民腹地的村落，所接觸的土人，情形也和霍尼亞拉一樣，甚至於更為普遍。他們不論工作也好，運動也好，兩隻腳總是光溜溜的。

也許是祖先遺傳，加上長期赤足徒步，土人都擁有一對豐滿的大腳，腳板又闊又厚，腳形又粗又短，腳底是一層沙土磨練而成的硬繭——這樣的一對「畸形」大腳，想要穿鞋，恐怕也得向廠家特地訂造。

一次，我和幾個土人工友去找貝殼。那個小島，沿岸全是珊瑚礁，因長年累月受浪潮衝擊，珊瑚石被磨刷得銳利尖凸，我拖著涼鞋走尚須小心翼翼，但赤足的土人工友可以高昂闊步，甚至於毫無忌憚地追逐嬉戲。那些尖銳的珊瑚石以及珊瑚碎片，對他們的一雙腳全無威脅。猶記得我第一天走馬上任，一身武裝打扮：長褲、長袖衣、長筒靴、頭上還戴著一頂闊邊草帽。

公司僱我發展油棕。苗圃的地點早選定了，我上任的第一件事是替棕苗秧尋找水源灌溉。由於我是初入蠻荒，人地生疏，公司安排一位熟悉環境的工人為我引路。

▲ 土人入山出海總赤足跣腳

　　這個名叫亨利（Henry）的工人，一早便在辦事處等候。亨利身材矮小，曲捲頭髮，與其他土人的高大魁梧，大異其趣。他身穿一條短褲，上身一襲單薄的短袖衣。他的雙腳，光溜溜的甚麼也沒穿。

　　「怎麼不穿鞋？」我驚訝地問亨利。

　　「我習慣了，沒問題的。」

　　他滿懷自信，輕鬆地回答。

　　於是，我背上水壺，他手提長刀，我們一起出發了。

我們把汽車停在路旁，順著河流走，希望找到一處既靠近苗圃又可建堤築壩的河灣，可以蓄水灌溉。

亨利告訴我，那條河叫東坡（Tombo）河，由源頭至流入大海，整條河積滿纍纍的大石，小小的卵石舖滿河床，清澈冰涼的河水便由重重疊疊的大石縫間穿越流下，迂迴曲折，淙然有聲。

亨利老馬識途，當然領先，我緊跟在他後面，一路順著河流在大石間穿梭，一蹬一跳地前進。而堆積河床的亂石，不是方形，也不是平扁的，怪異地都是橢圓的，我們在圓滾滾的石面上蹬跳，除了腳下功夫，也要懂得平衡身體。我是初涉石陣，自然心驚膽顫，如履薄冰。這些大石，久經風雨，滑溜溜地，稍一不慎，一個踉蹌，一失足變成落湯雞事小，撞得頭破血流才是千古成恨！

亨利雖然是跣足裸腳，但卻淡定自若。他不時還得一手抓刀，一手攀籐，清除前進的障礙。然而這並不會降緩他腳步蹬跳的節奏，只見他靈巧輕飄如一隻點兔，忽而在河的左邊，忽而又閃到河的右邊，腳步顯得瀟灑逍遙，彷彿在表演熟練的芭蕾舞，卻又是那麼地穩健扎實，速緩自如，淡定得如同在坦蕩蕩的大道上舉步。

「那不是武俠故事中的草上飛絕藝嗎？」

我在誠心佩服中，不禁如此驚嘆。我雙手空空，但總被亨利拋在後頭。所以每到河流轉彎處，亨利便坐在大石上等我。也不知是恐我迷途失蹤，還是怕我不慎失足。

休息的時候，我問亨利，才知道他是公司裡的森林管理員，專門負責尋找邊界及劃分伐木地段的工作。長期在荒山林野間奔跑，難怪乎他練就一雙好腳藝。

「你進入叢林，一向不穿鞋嗎？」我問亨利。

「偶然也穿長筒靴。」他回答：「但感覺上，穿上鞋子反而蹩腳，同時磨損我的腳趾和腳跟。所以，我還是喜歡赤足行走。」

亨利停頓了一會，又繼續說：「我們的祖先以森林為伍，出門耕種和打獵，但他們從未見過鞋子，更不必說穿鞋子了。其實，赤腳走路，肌膚與土地接觸，是與自然界直接交流。比如現在，我的雙腳不斷踏在石頭上，不只心間感到透涼無比，甚至全身也感覺得舒暢輕鬆呢！」

這，使我猛然想起，在馬來西亞我曾經見過有人以鵝卵石鋪在地上，赤足踩踏做「腳底按摩」。當然亨利並不曉得「腳底按摩」與健身的關係，但赤足顯然對他是一種生活的經歷、挑戰和體驗。

亨利還告訴我很多赤足的好處：走不同的地方，不同的環境，會有迥然不同的接觸感覺。

他揉捏著自己的一雙腳，滿足地說：「當我走入濃蔭的叢林裡，地上鋪滿層層的枯葉，柔軟得好像羊毛氈，那種柔情蜜意的感觸，如果不是赤足就不能享受到！」

我望著自己腳上的長筒靴，心裡想：在亨利的眼中，那實在是一種累贅。跣足赤腳更能深切地享受到大自然的柔情蜜意，以及大地所賜予他們的不老溫情。亨利說得對。

七月就像一陣旋風

　　出了機場，一進入霍尼亞拉市區，我便驚覺熱鬧的氣氛有異於平常了。馬路上盡是排成長龍的車陣，樹蔭下，店門前，大街小巷，處處只見人影繽紛，而每個人的面上，都掛著鮮花一般的笑靨；許多政府的建築物，也釉上了新彩，煥然一新，在南太平洋的藍空下，熠熠生輝！

　　這天是七月三日，我與妻子從工作的營寨裡抽身，飛來霍尼亞拉度假，目的就是欲親睹所羅門在獨立二十週年紀念所展現的風采。

　　七月就像一陣旋風，把所有的溫情都捲入了霍尼亞拉，而大人的喜悅，小孩的呼喚，也隨風聲而填懵了都城。上藍下綠中黃而嵌

▲　所島土人的戰舟競賽

上五顆銀星的所羅門群島國旗，在風裡不停飄蕩，標示著一個民族獨立自主的驕傲！

是的，對所有島民來說，七月就像一陣旋風，拂醒了每個人的心靈。所羅門近千個島嶼，在米字旗下屈辱了八十五年，又於太陽旗下歷盡了連天炮火，終於在一九七八年七月七日向全世界宣佈了她的地位，星星也助陣，在七月的夜空裡閃爍爭輝，以它們的亮光為新生的島國祝賀！

所羅門雖是個人口只有四十萬的寡民小國，國家發展也幾乎全靠外援，但島民對國慶的熱忱，從不落人後，這可從每年七月間所舉辦的紀念活動中獲得反映。今年恰逢獨立二十週年，各項慶典琳瑯滿目，輝煌有加，一直到七月十日方曲終人散。燃燒一週的騰歡，除了學校放假，政府各機構也閉門謝客，讓所有國民以愉快輕鬆的心情，沐浴在普天同慶的氣氛裡。

七月四日，平時綠草如茵、空蕩蕩的喬治六世中學大草場，此刻已一改面貌，一幢幢臨時搭起來的棕櫚葉「士多」（store），井然有序地佔據了整個草場空間，四周盡是販賣熟食的攤子，連幾間著名的海鮮餐廳，也紆尊降貴在這裡搶攤。分佈在草場中央的是展覽所，以棕櫚葉或蓬帳搭建。政府部門參展的為水務、電訊、郵政、農業、廣播等單位，其中以商家的展出最多。每個單位都張燈結彩，各展所能以吸引遊客。

最多，也是最令觀眾留下深刻印象的展出是所羅門油棕種植有限公司和台灣的農業科技展。這兩個單位不時都門庭若市，觀眾接踵摩肩。油棕展覽屋的周圍植滿了高過人頭的油棕苗，綠意盎然。

◀　花車的佈置簡單古樸

◀　所島國旗照

屋內陳列了一副棕油提煉過程的機器模型，由棕果入廠到榨出原
油，一目了然，壁上還貼上很多油廠的機器圖片，讓觀眾更能深入
體會。

　　這天的重點項目，還有花車遊行。

　　馬來西亞的花車，整部車以花簇裝飾得密密實實，遊行時見不
著車身，連輪子也掩蓋著。這裡的花車，花朵僅用以陪襯或點綴，
而是以參加單位的背景為主題。例如中華總會的花車搭一座紅柱綠
瓦的中國式雙層牌樓，氣象宏偉，柱上還寫上「普天同慶，國泰民
安」的賀詞，配以一對醒獅，一前一後隨車遊行；鐃鈸齊鳴，鑼鼓
喧天，聲勢浩蕩。

群島九個省分都派出自己區域的車隊。車上站滿穿著古代裝束的男女，扮相奇形怪狀。很多男女都赤裸上身，頸間垂掛著貝殼串成的項鍊，臉部和身體畫上白色的斑紋，下身只吊著一片樹葉製成的遮羞布，有的則圍著條狀圍裙，原料也是樹皮。他們在車上跳舞、歌唱，有些則擊鼓和吹竹樂，動作十分引人注目。

　　除了所羅門本國，參與花車遊行的南太平洋國家尚有巴布亞新幾內亞、斐濟、瓦努阿圖和新喀里多尼亞。車上都以他們國家的傳統文物為背景裝飾，參加遊行的男女一律做原始打扮，裸身跣足，頭上裹以樹葉或插上羽毛，畫上黃白花臉。如果在晚間，或在別的場合遇到這般詫異神祕的裝束，肯定嚇得驚魂失魄、拔步飛跑！

　　花車從博物館出發，經孟達那大道（Medena Avenue），沿著海岸一直吹打至喬治六世中學的大草場。

　　當花車還在半途輕駛漫遊，忽聞海上鼓聲咚咚響起，原來另一項節目掀起高潮——戰舟競賽經過了近兩小時的追逐，進入了緊鑼密鼓時刻。浪裡有節奏的槳聲，隨同舵手的戰歌，在海岸的半空迴旋、蕩漾，戰舟如一尾尾脫弦的弓箭，向著目標作最後的衝刺。

　　對我而言，戰舟競賽真是難逢一見，今次一定要把握機會，仔細瞧瞧。向土人打聽競賽終點，每個人都搖頭，也許戰舟他們早已司空見慣，不足為奇了。我與妻子唯有衝出人潮，駕車去風帆俱樂部碰碰運氣。總算運氣不差，車一停，戰舟就在離岸不遠的海面。

　　沒有找錯地點，也來得正是時刻。

　　我終於清清楚楚地見到了戰舟，也目睹了舟上「戰士」的神態。

　　古代獵人頭的故事彷彿在我眼前重演。

　　每年，七月就像一陣旋風，把散居在各島的居民捲進了小小的霍尼亞拉，把歡笑、祝福和信心播在首都的天空，讓其他國家知道，所羅門的島民踩著南太平洋絢爛的陽光，一步一步走向世界舞台。

　　所羅門的七月，就像一陣旋風！

1998年9月14日寫於望古奴島

文化村，傳統藝術匯流站

　　位於國家博物館對面、孟達那大道旁的「美拉尼西亞文化村」，於今年七月六日國慶前夕開幕之後，不但成為傳統美拉尼西亞文化藝術的匯流站，同時也是所羅門首都霍尼亞拉的旅遊新景點，萬眾矚目。

　　這個象徵著美拉尼西亞人團結精神的文化村，是所羅門政府獨立建國二十週年給人民的絕佳醇釀，也是最值得紀念、最深具歷史意義的呈獻。

　　七月的所羅門無疑是繽紛而多彩的。獨立週年國慶所掀起的熱潮如浪，震盪了所有大小島嶼的居民，但繁華過後曲終人散，一切重歸平淡，霍尼亞拉街頭巷尾人潮退盡，唯有標示著民族情結的文化村，仍舊聳然傲立於孟達那大道旁，成為歷史長流裡的見證，任人觀賞。

　　在一片湛藍、渺茫遼闊的南太平洋，總共有二十多個群島國，最大的巴布亞新幾內亞，最小的面積僅二十七平方公里，人口不足一萬，國名叫吐瓦魯（Tuvalu）。

　　美拉尼西亞、波里尼西亞、麥克尼西亞三大種族所分佈的這些島國，各有其不同的歷史背景和文化傳統；同時由於居島交通不便，語言的分歧迥異不必待言。根據瞭解，共有一千二百種通用土

第
一
輯
・
魚
鱗
的
滋
味

語，而單在所羅門群島，有記錄的土語就有八十七種，不可謂不多，因為所羅門只有九個省，平均每省有近十種不同的語言。

　　髮捲、唇厚是美拉尼西亞人最大特徵，皮膚有的黝黑有的棕色，多分佈於南太平洋西面的島嶼，包括巴布亞新幾內亞、斐濟、瓦努阿圖、法屬咯利多尼亞和所羅門。而所國四十萬人口中，美拉尼西亞人竟佔了百分之九十四，波里尼西亞人和麥克尼西亞人不足百分之六。

　　所以，文化村，實際上就是所羅門政府以團結民族、宣揚該族傳統文化和藝術作為出發點的一個偉大構想，具有帶動和領導美拉尼亞人走向文明世界的重大意義。

　　文化村的創立，配合了獨立二十週年紀念，無疑是新首相烏魯發陸所領導的政府彰顯政績的手段之一。為了文化村，各島國不辭千里迢迢派遣文化專才至霍尼亞拉，策劃研究如何興建他們傳統的居所。今年四月間興工動土之後，便日忙夜趕，直至開幕前夕，我在深宵途經孟達拉大道，工人猶在燈光下趕植花草，從事最後的美化工程。

　　文化村的所有建築，都就地取材，廢棄鐵條、鐵柱和洋灰等現代化

▲　作者攝於文化村的入口

建築材料，即使圍繞文化村的籬笆，也以密植的木柱取代鐵絲網，顯出建築過程經過深思熟慮，凸顯了遠古傳統的文化色彩。

不論什麼時候路經孟達拉大道，你都會被文化村的入口牌樓深深地吸引住：那四根撐起牌樓的木柱，是所羅門的傳統人像木雕，容貌各異，宛如四尊怒目而視的門神；橫樑上則是一副長形雕板，雕刻著五島國的海產和動物，有鱷魚、大鯊、鮪魚、巨蟒、獅子、野豬和猴子，一一作欲接交纏狀，靈活浮凸，栩栩如生。

文化村裡，四處一片蔭涼，因為這裡有多棵擎天古樹，繁茂的枝葉，日間把南太平洋的驕陽擋在半空裡。對準入口大門的，為一座相當寬敞的表演台，可供四、五十人同時演出，是各國呈獻歌舞和散播文化種子的階梯。

村裡共有五間結構不同、形狀各異的房屋，為五島國的美拉尼西亞人的傳統住宅，其中以巴布亞新幾內亞及所羅門兩所最大，排列於入口的左邊；新喀利多尼亞、斐濟、瓦努阿圖的則建在入門的右邊，中間隔著一條寬大的通道，從入口可以遠眺表演台。

五所傳統屋中，以新喀利多尼亞的一所最奇特，整間房子除了前門的兩根柱子，外面看去只見層層的碩莪葉（sago leaf），圓形的房子，圓錐形的屋頂，仿若一架等待發射的火箭，欲衝天而去。除了大門可以通風，整間建築不設窗戶，大白天裡邊也是漆黑一片，給人陰森森的感覺。門旁兩根木柱，雖雕以花紋，然無甚獨特引人之處。

斐濟的傳統屋為金字塔形，四檐滴水，周圍與屋頂也是以碩莪葉搭建，屋檐、屋身之間空蕩蕩，四壁全無遮掩，所以屋內通風明

亮,但顯然不堪風雨。屋外豎著一尊木雕戰士、手持兵刃,怒目瞪眼,惜雕藝粗劣,欠缺美感。

所羅門許是地主之故,傳統屋佔地最廣,同時地近人眾,各方面佔盡先機,所以房子從結構至修飾,遠較其他國家複雜、多變,凸顯其傳統而含藝術性。整間建築由九支主要的棟樑支持,其意代表所羅門九省的力量; 而木柱上的雕刻,工藝變化靈活,無論是戰士、酋長、祭司、婦女等等,精巧細緻,顯然經過細心琢磨,勞神經營。橫樑間亦雕滿所國的飛禽走獸,龜鱉蟲魚,均含藝工之美,體形和姿態呼之欲出。

今年七月間,美拉尼西亞文化村曾掀起一陣熱潮,成千上萬來自各島的居民及海外的嘉賓、遊客,一時衣香鬢影、冠蓋京華,蝟集在村裡揣摩各國的傳統文化演出。

那是在所羅門文化部長揭幕剪綵之後,一連數日,螺聲邊鼓日以繼夜不停地自文化村一陣緊似一陣蕩開,島民的歡笑在霍尼亞拉的上空迴響……

所羅門政府的意願,對文化村之創立,不只是供二十週年建國歡慶而已,而是年年的相同日子,各國都能派隊前來獻藝,讓美拉尼西亞文化藝術在他們族人之間一脈承傳。

1998年9月24日刊於台灣《宏觀報》

文化村裡的熱浪

▲　文化村裡爭看表演的人潮

　　一九九八年七月六日，獨立紀念日的前一天，整個霍尼亞拉的歡樂氣氛升到了沸點，各項歡慶表演鋪天蓋地，席捲了千島九省雲集而來的島民。此外，外國嘉賓和遊客都在這天抵達，使小小的京城，有人口爆炸、車水馬龍的景象。

　　喬治六世中學草場、國家博物館、羅申達馬廣場、市區操場，都有不同的活動，不同的文化表演。然而，上述地區的盛況，遠不及文化村那麼受人注目。

　　這天早上，我為了會見一位朋友，九點半後才趕來觀看文化村的盛禮。

　　哎呀！只見一片人山人海，公路被封鎖了，人潮宛如海面上洶湧的波浪，在文化村前的公路上你擠我擁，場面顯得有點零亂。經歷千辛萬苦，我始排除人牆擠到入口處，一望不禁惘然失神，原來文化村柵門深鎖，且由警察駐守，難怪乎誠心想觀看表演的人只能在村外昂首踮足，欲入無門呀！但聞村裡鼓聲咚咚，文化節目顯然開始了。

　　要瞭解土人的傳統文化和藝術，這是絕佳機會了，何況可以同時欣賞到五國的表演。但是，隔著木柱圍繞的籬笆，魁梧驃悍的土人也難尋目標，五短身材的我沿著圍牆竄來竄去，也只有望門興嘆！

　　我心裡百般無奈，不禁嘀咕著。

　　人群依然如浪似潮，從四面八方擁來。於是，有人爬到樹上，有人站在停泊的汽車上，凡可望到表演的高處就有人影。可憐那些日忙夜趕為國慶而種植、為美化文化村而存在的花草，不及一個早上便被踐踏得萎靡不振，面目全非了。

　　這時有人開始不滿，與守柵的警察交涉，更有人不停的發出「嗚嗚……」的怪聲。

　　累積了五國人力、物力、財力興建起來的文化藝術節日村，就是讓獨立二十週年規劃一個斑斕的色彩，為眾人雕塑一份甜美鮮明的記憶。可是，現在文化村萬般齊備，卻柵門深鎖，緊鑼密鼓的節目表演，僅飽貴賓高官的眼福，千萬市井斗民被堵在高高的藩籬外，辛苦地伸長著比非洲長頸鹿還長的頸項，怎能不激起眾怒！

　　守柵的幾名警察見勢不妙，交頭接耳一番，其中一名走了進去，不久出來了，從褲頭取出了鎖匙——開柵。

鐵柵一開，人潮馬上爭先恐後，浪潮般擠入了文化村。當然，此時此地，無論是土人還是遊客，大家目光所投注的，絕非那些具含各國文化特色的建築和木雕柱子，而是空地上進行的文化演出。

　　我自然不會放棄良機，隨人潮進入村裡。

　　剛好這時瓦努阿圖的表演隊正在他們的村屋裡化妝，我示意欲經過他們的屋子到前面看表演，見我頸上掛著相機，又是黃皮膚的遊客，態度友善。

　　這樣才使我有機會排除人潮，向周圍作深一層的注目。表演台在文化村的邊角，對準入口的柵門，但此刻則成為貴賓的觀賞台，節目表演反被安排在台前的空地上，我遊目四顧，發現整個文化村四方八面都是人頭湧動，場景的熱鬧幾乎達爆炸點。

　　這時正演出所羅門傳統的戰士舞（War Dance），領隊以擴音器向觀眾簡介：「這是古時戰士出征前的熱身操，以舞蹈和鼓聲激發戰士的勇氣，使他英勇奮戰，獵取敵人的頭顱。」

　　「咚咚咚咚……咚咚咚咚……」戰鼓響起。

　　「嗚……嗚……」有人吹響了海螺。

　　約二十名手持木製武器的「戰士」，在鼓響螺聲中分作兩排，婆娑起舞，忽而衝前，忽而退後，手中的武器不停的向前戳刺。「戰士」的腳踝繫著一串螺圈，跳動時雙足前蹭後蹬，發出「嗦嗦」的聲響，每跳五、六步便舉起武器對擊，「嗶啪」有聲，「戰士」口中還不時「嗨嗨……嗨嗨」地喊著，狀如衝鋒陷陣，殺氣騰騰。自然，戰士的臉、身甚至腿上塗上灰白的斑紋，為戰士舞平添了一份詭譎與神祕。

接下來的傳統舞是「划舟」，由兩隊所羅門婦女呈獻。她們赤裸上身，下體穿著椰絲織成的條狀圍裙，每人雙手握著竹竿，彎成獨木舟的形狀。兩隊編成兩隻獨木舟，她們在大海中划呀划呀，一面划舟一面歌唱，鼓聲螺聲驟然緊密起來。她們的動作與螺鼓的配搭倒也齊整靈巧，可惜歌舞的演出時間極短，約只十分鐘便舟去人渺了。

給我印象深刻的另一場表演為瓦努阿圖的「老漁夫與七兄弟」，也是以戰士舞形式演出。

瓦努阿圖和所羅門同屬美拉尼西亞族，所以原始裝飾大同小異，採用的原料不外乎樹皮、樹葉和花花草草，頸項、腳踝一律載上貝殼串鍊，跳舞時隨同螺鼓聲，形成簡單明快的節奏，給人荒古而悠遠的感受。

所羅門只是一個人口稀少的蕞爾小國，文化、教育程度不高，但島民卻充份地表現出熱愛自己的國家，尊重、表揚自己的傳統文化。這，都可以從他們舉行的各項活動中窺視端倪，無論是歌舞、樂器、服裝和遊行的花車，處處都深含美拉尼西亞的傳統形態，充滿濃厚的原始風味。

文化村裡的熱浪，拓開了我對所羅門的視野。美拉尼西亞族過去面對惡劣環境作出的奮鬥，也可從他們的歌舞中尋得不少解讀。

1999年1月22日刊於《南洋商報》

沒有錢也可過日子

假如有一個國家，只有百分之十的人民有正式職業，百分之九十為無業遊民，我們一定覺得很驚奇，但令我更加驚奇的是，這個國家的人民既無抗議，也不暴動，政府部門依然清閒平穩的辦公。

這個國家，就是所羅門群島。

在別的國家，這樣的失業率，即使政府不倒台，必也哀鴻遍野、民不聊生。

但是，所羅門的島民，不只三餐溫飽，同時還面帶笑容、安安樂樂地過日子！在首都霍尼亞拉，成群結隊的青年男女，腰間掛著背包，其中尚有手牽小孩的婦女，他們都是閒蕩的遊民，在街邊的樹蔭下清談、聊天，還不時發出嘻哈的笑聲。

你尋遍了霍尼亞拉的街頭巷尾，也見不著一個擋路伸手的乞丐，入夜更沒有露宿冷巷的人影！

這，好像是天方夜談，不可思議！

所羅門就是這麼一個國家，充滿詭譎、神祕、傳奇的色彩。

當然，所羅門的島民並非神仙，不食人間煙火。他們也和我們一樣，一日三餐，要吃要喝，才能過活。

只是，島民可以在平淡中過日子。

島民主要的糧食不是皚皚的白米，也非褐赤的麥粒，而是容易
生長的蕃薯、木薯、芋頭、椰子；水果則是木瓜、西瓜和鳳梨；菜
瓜類主要是滑菜、蕨類、長豆、蛇瓜等，都賤生得很。

若在繁華的文明都城，所有上述的農產品，因缺乏耕地，也得
花錢去買，而且在百貨騰漲的今天，蕃薯和木薯西瓜鳳梨的價錢也
不便宜。

然而，所羅門的情況就不同了。

四十萬人口分佈在二十八萬平方公里內，九百多個島嶼；海
域更遼闊，超過一百六十三萬平方公里。而與他國最大的不同點
是，所羅門眾多的島嶼和廣袤的土地，都是祖傳土地（customary
land），由原住民的家族所擁有。通過這種形式，讓幾乎所有的島
民都擁自己的耕地。

所羅門群島位於火山地帶，土地肥沃，配合著充足的雨量，只
要把農作物種下，自然便有收成。

「你們真幸運，上蒼給你們這樣肥美的土地，不必施肥，不必
澆水，都長得這樣茂盛！」

我經常羨慕地對島民說。

因為在農業先進的國家，農民在播種之前，必先耕地，然後是
澆水、施肥、除草、噴射農藥。水果像木瓜、芒果、楊桃、番石榴
之類，農藥之外，果實還必須經過人工套袋等等繁複的工作程序，
人們始有口福品嚐果實的鮮美飴甜。

所羅門種植農作，天時地利，蔬菜也好，瓜果也好，不但省
肥，也省灌溉，甚至無須鋤草和農藥，農作下種後就等著收成。有

時我們吃了西瓜，把種子往窗外一丟，不久便見肥壯的瓜苗從地下冒起來，幾十天後又大又圓的西瓜便向你嫣然微笑了！

種植蕃薯，我們的方法是把土地耕成一畦一畦，將薯籐插於畦間。島民們則把泥土攏成蟻墩狀，一堆堆形如螞蟻山，薯籐就種在堆上。我們常見的蕃薯，多是條狀的，而所羅門的蕃薯品種繁多，除了條狀的，尚有橢圓形，更有像小南瓜一般的，初見覺得頗為怪異，但無論是皮紅肉白、皮白肉黃，均肉質細嫩、味香而甜。

對蕃薯的吃法，島民也別具風味，與眾不同。

他們從河裡撿來大堆大小適中的卵石，疊成「烘爐」，以乾柴烈火把卵石燒得火紅，將洗淨的蕃薯堆進「烘爐」裡，再以熱烘烘的卵石密蓋著，大約經過半天的時間，耙開卵石，所有的蕃薯全被烘得皮皺肉熟了，拿在手上滾燙滾燙的，吃起來又香又甜，比蒸熟更可口，百吃不厭！

所羅門九百多個島嶼，被遼闊而渺茫的海洋所分隔，造成交通和聯絡上的不便，很多島民都靠自耕土產度日子，只有林木開伐的區域才有一間半間雜貨店，他們才有機會購買白米、白糖等糧食。

「為了吃雪白的米，水晶般的糖，還有各種香噴噴的罐頭，我們得和你們一起勞力流汗，累死了。真希望你們不要到來呵！」

有了工作的島民，時而不時發出如此的怨言。

以前，他們根本沒有想過錢，更不會想過錢的妙用。一幢簡陋的「葉房子」，僅堪遮風避雨，終年面對風平浪靜的碧海，背向蒼鬱廣袤的原始森林。地肥雨順雜草不長，病蟲不侵，糧食用罄，抓

起刀鋤到屋後，不稍半刻鐘，一大袋蕃薯、木薯、芋頭挑回來了；沒有魚，屋前是海，把魚鉤絲線往大海拋去，不久便有饞嘴的魚族掙扎著隨魚絲上岸了；要想出門找朋友，跳上獨木舟，左一槳右一槳，不必花汽油。

　　總之，一把鋤頭一柄長刀，輕輕鬆鬆地全家即可過著安逸的日子。錢，彷彿成為他們的身外物。

　　所羅門的島民，對生活的要求都不高，一個椰子，一條蕃薯，可以飽一餐。他們十分重視地緣和血緣，誠懇熱情、豪爽好客，一個芋頭、一塊木薯糕，可以幾個人分享；一支點燃的土煙，同伴沒有，大家輪流，你吸一口我吸一口地享受煙癮。

　　樸素、簡單，是所羅門島民的生活方式。

　　　　　　　　　　　　　　1988年3月28日寫於望古奴島

霍尼亞拉風情

　　在所羅門生活了半年，我才驚悉原來霍尼亞拉是群島的新都。
二次世界大戰前，它只是瓜達肯納島上一個默默無聞、落後寂靜的
小村落，不受人注目。

　　所島的舊都叫杜拉奇（Tulaghi），在霍尼亞拉對面一個名叫
佛羅里達（Florida）的小島上，隔著茫茫的鐵底海峽，與新都遙遙
呼應；快艇只需一小時追波逐浪，兩鎮便可互通訊息，海程大約只
有四十公里。

　　由於一九四二年英、美與日軍在所羅門群島發生一場海空激
戰，戰況慘烈，當時的杜拉奇被日機炸成一團火海，灰飛煙滅後的
杜拉奇只留下一片斷垣殘瓦。和平後，所島的英屬政府（那時群島
尚未獨立）強忍悲痛，決定遷都。

　　霍尼亞拉於是飛上枝頭，搖身一變成為統領全國經濟、教育、
文化、商業、旅游與航運的樞紐。歷經五十餘年不斷與日競長，霍
尼亞拉終於和巴布亞新幾內亞的莫里斯比港、斐濟的蘇瓦（Suva）
等城市共享秋色，成為南太平洋區域西北的大門戶，家喻戶曉。

　　今天的霍尼亞拉，就像嵌在瓜達肯納島上一顆閃光而斑爛的
明珠，擁有全國最大、日夜不停吐納貨物的深水碼頭；有供國際
班機二十四小時起落的漢德申國際機場（Henderson International

Airport），七三七波音機可以直航澳洲和南太平洋區域的大小島嶼，異常方便。

　　一九九六年我抵霍尼亞拉時，飛機降落在舊機場，入境檢查的海關狹窄簡陋，旅客露天排隊。時當下午兩點，我被烈日炙曬了近一小時，滋味難受。去年日本政府協助所羅門在舊機場旁邊興建了一座新機場，耗資七百八十萬所幣（約等於一百五十六萬美元），已於今年四月間峻工啟用。新機場具冷氣設備、電腦行李檢查、貴賓室，俱備一切現代化規範，旅客免受日曬雨淋了。

　　既貴為一國之都，霍尼亞拉自有其旖旎迷人的風土，和令人沉醉的旅遊景點。譬如國家博物館、文化藝術村，都在市中心，不用舟車勞頓即可瀏覽。

　　博物館有群島各省的傳統民宅，均以碩莪棕櫚葉蓋頂，以土產木料建搭，有些屋前豎立著兩根人像雕柱，含有所國早期文化特徵。博物館內有一間紀念品商店，專售賣本地著名的木雕和手工藝品，值得參觀，旅客不必費時通街尋找紀念品。

▲　圓形是霍尼亞拉國會大廈的特色

若驅車途經孟達那大道，迎面而來一面灰白圓形的大廈傲然聳立於斜坡上，宏偉的建築、奇特的設計，在雲皚天藍的映影下熠熠生輝，令人矚目，這就是所國的「白宮」──國會大廈。

　　所羅門屬於落後貧窮的小國，許多大型建築均由富國捐獻，這所國會大廈也不例外，由繪圖至建築，全由美國一手承包。大廈外形有如一朵大蘑菇，共分兩層，入口兩側各擺一尊人像木雕。進去便是會議廳，雲石花紋的地板，周圍以精緻的玻璃和木雕互相配搭，桐帽形的頂層壯觀巍峨，把廳堂拱托得氣象萬千。除了週末和會議期間，其餘日子遊客可入內參觀。

　　站在國會大廈前，鳥瞰車來人往的霍尼亞拉，公積金大廈、國家銀行、高級旅店和一些多層的商業大廈，盡收眼底。海灣上是二十四小時忙碌的深水碼頭，輪船大大小小，有的泊岸，有的拋錨離岸不遠的海上，有的清晰可見，有的迷離朦朧。更遙更遠處則天海一色，為深藍的大海，浪濤日夜怒吼的大海……

　　假如你重視歷史，想知道二次大戰發生在所羅門的史實，可以到天宮嶺去憑弔美國和平紀念碑。於淒淒的山風裡，目睹朱砂色大小高矮不一的碑牆，讀牆上密密麻麻地刻滿戰情的文字，你不禁深沉體驗到人性底慘酷。軍隊登陸的時間和地點，炮艇沉沒的數目和名號，美日雙方軍官和士兵的死亡人數等等。總之，戰事由幕起至幕落，均有詳細清楚的記載，這無疑是一部牆的史書，有令人唱嘆的生命的犧牲，也有叫人惋惜的金錢的損失！

　　霍尼亞拉的白天，到處可見熙熙攘攘的車輛人影。樹蔭下、市集裡、巷間店前，凡足以遮風避雨的角落，就有土人無所事

事、成群結隊在聚談。這些從各島流落到霍尼亞拉的「盲流」，以青年男女居多。有些中學畢業後寧可在街頭漫無目的地遊蕩，卻不願回去貧困偏僻兼落後荒涼的村野從事農耕。尤其在廣闊的中央菜市，每天午後總是人頭攢動，談聲不絕，但並非生意滔滔，而是「盲流」結營。

這樣，霍尼亞拉街頭露宿的浪者豈不多如繁星嗎？

答案是「沒有」。

所羅門人重視地緣與血緣，只要是同一村落的人，不論是否親戚，若是上得門來，必讓他們同宿共餐。白米吃完了，一起挨蕃薯、木薯、芋頭，絕無怨言；任親友在街頭挨餓受寒，才是樁羞辱的事呢！

所羅門人樂天知命，貧苦而不憂傷，落後卻不沉淪。他們從貧窮、落後中體驗生活的情趣，從不煩惱，不怨天尤人。

霍尼亞拉是京華勝地，有寫不盡的名山勝水、自然景觀，但生活費奇高，非普通人久居之地！

1989年11月12日刊於台灣《宏觀報》

蘊含文化與宗教色彩的手工藝

——迷人的所羅門木雕

　　遊歷所羅門群島，值得帶回去留作紀念或與親戚分享的，土產和衣著方面乏善可陳；但是，這裡卻有一種人見人愛、鬼見鬼青睞的手工藝術，使到遊客荷包大出血。

　　——這就是木雕藝術，一種深具傳統文化特色以及充滿宗教神話傳奇的所羅門島民手工藝術品。凡落足所羅門的外客，飽餐這兒青山綠水自然美景之餘，出境的時候手上拿著幾乎都是這種木雕品。

　　一隻展翼的鷹鳥，一尾鋸齒尾巴的長鱷魚，一個獵魚的土人，一個圓或方形的茶几，一隻四肢爬動的海龜，在攜帶回國的過程中，舟車勞頓，木雕的收藏家經常將紀念品抱在懷裡，深怕運載時尖凸搶眼的部份遭受意外的折損，長途跋涉中身體願意承受重量的壓力，所羅門木雕作品之誘惑力，以及其工藝之精湛，於此可見。

　　這，可是因為所羅門木雕價錢如泥嗎？

　　恰好相反，這兒的木雕作品不單不便宜，而且售價高昂，一張二方尺左右的小茶几，几面雕上螃蟹、蝦魚、海龜之類，起碼索價二千所幣；一隻直徑半公尺的海龜，起碼一千元所幣；半公尺高

的鷹鳥也叫價八百元。據說，幾年前這裡的木雕非常便宜，價錢暴
漲，是十年來政府在每年國慶日舉辦文化藝術展，外國遊客蜂湧搶
購所致。

　　所羅門木雕的起源，充滿濃厚的宗教意識。一世紀以前，
當英國人未到這裡傳教，所羅門群島是一片蠻夷之邦，土人在歡
慶拜祭的儀式中就用人頭木雕作偶像。另外，土人出征用的戰舟
（War Canoe），出發之前舟前必定安置一個雙人抱緊人頭的人頭
木雕，以示出征獵取人頭。直到今天，這種土語稱為「烏速烏速」
（Nguzu Nguzu）、外表頗為恐怖的人頭木雕，依然成為雕刻家喜
愛選擇的重要題材，也是所羅門傳統文化的最佳代表。

　　木雕原料，當然是以黑檀木（Ebony）為首選。這種深黑、堅
硬、沉重而又帶有燦爛光澤的木材，是所羅門熱帶雨林稀有的名貴
瑰寶，為政府禁止輸出的木材之一，主要的目的是保留給島民作為
木雕藝術之用。

　　儘管如此，基於所羅門木雕銷量驚人，森林中稀見的黑檀木如
今已經稀見難尋，而由黑檀木雕刻的藝品也隨之身價百倍，目前煤
油木（Kerosine Tree）已取代了黑檀木，成為雕刻家採用最廣的材
料，因為群島的林間煤油木隨處可見，取用不難。這種棕褐色的木
材，紋理和脈絡，深淺分明，木質亦佳。所以，目前以煤油木雕成
的藝品稱霸市場，成為收藏家選購的對象。

　　近年，椰樹亦被廢物利用，以椰幹雕琢的小龜，盛物器皿等
也先後亮相市場，但都是被雕成簡單的作品，也沒有嵌鑲貝殼，可
能是售價問題，也可能是顧客難以接受，有所挑剔。椰樹雕製的作

▲　圖左：變化無窮的面具木雕
　　圖右：「烏速烏速」是島國最富盛名的木雕

品，擺在家裡或贈送親友，心理上總難免產生一種「平凡有餘，分量不足」的怪異感覺。椰樹，畢竟是熱帶國家觸目皆見的樹木。

椰幹其實也堅固無比，柴紋也不差，就是缺乏誘人眼目的光澤，使雕成的藝品暗然失色。所以椰樹用在雕藝上，只是停留於「市場考驗」的階段。

所羅門的木雕藝品之所以聞名國內外，因為作品無論鳥獸蛇蟲、人物魚龜，無不活靈活現、栩栩如生。雕刻家在製作的過程中，完全採取細心琢磨、苦心經營的態度；在工慢而謹慎、精益而求精之下，所雕刻的作品精緻細膩、呼之欲出，令顧客愛不釋手，同時也提升了購置和收藏的價值。

木雕的風格主題，群島之間雖未見有極大的差異，但雕刻家在作品的取向，依然互見特色，各具所長。西部各省，尤其是瑪洛科內海（Marovo Lagoon）區域，是以人頭像、面具、海龜、魚類、海馬、海豚等為主要的題材。人頭神像和面具，看似簡單，事實上

認真創作也變化無窮，複雜多端。除了頭部，臉形各異，雙眼、耳朵、鼻子、嘴巴，也都千變萬化，各俱其趣，力求達到創作上的完美。可以說，他們雕琢的藝品，沒有一件是相同的。

我們營寨的辦公所懸著一個木雕人頭，遠看頭頂若似戴著一頂彎邊絨帽，近賞才看清楚是一隻老鷹，雙翼欲收待展，尾羽彎垂，兩支最長的尾羽垂成人面的兩隻大「耳朵」。這個如帽若鷹的木雕人頭，深藏超現實意識，真可謂是一件匠心獨運、構思奇特的傑作！

海龜也成為西省（Western Province）雕刻家的心中靈感。他們的木雕海龜，大大小小、形形色色，大如面盆，小若手掌，任君挑選。龜是吉祥物，象徵益壽，為華人心中的最愛。大的海龜作品，背面「龜殼」還可以掀開，除了擺設，尚可盛物，一物兩用。

馬來達、瓜打肯納各省的木雕代表是人像與獵物，最常見的為土人獵手手持木棒，臂膀托著一隻大獵物——鱷魚；有些則是獵人的尖木棒刺著一尾魚，腳踏海龜或魚類。這些題材都源自他們的祖傳環境與現實生活。

權杖，也是成為馬來達各省的木雕主題之一。這原是古代所羅門群島部落酋長的統治信物，也是族群的傳統權威象徵。固然，權杖時至今日早已淪為一種飾物，但木雕權杖並未因時代的嬗遞而失傳。威信意義雖失，然其款式，卻更加百花齊放。雕刻家在進行創作時，嘔心瀝血，整支權杖雕上魚類、海龜、海豚、蛇與鷹等動物，並以貝殼薄片鑲以形形色色的花邊。握在手裡，整支權杖熠熠生光，威武凜然！莊延波曾以一千五百元所幣買下一支權杖，當

然，那是黑檀木的雕作，沉重永保不朽。他所搜集收藏的權杖，種類繁多，數量以數百計。

所羅門的木雕，依然以原始的手工雕琢，製作的工具也不外乎小刀、扁斧、鑿銼、薄鋸、刀片之類。雕刻家全然拒絕機器模型。所以，他們的作品沒有重複，每件都是經歷構思的結晶，亦是搜索枯腸的藝術創作。一件作品之經營過程，非一日或一兩個星期，而須依據題材（木料）的大小、長短、形狀等等條件，經過細心揣摩，雕磨琢砌。一件作品由選材至亮相登場，往往要三幾個月的抒鬚勞神。作品完成後，欲引顧客注目，欲求高價，還得用貝殼裝飾，方才大功告成。

修飾的貝殼，雕刻家最喜歡採用珍珠貝，名貴光鮮，晶亮奪目，而且潔白如玉，嵌鑲在活靈活現的木雕藝品上，如同牡丹綠葉，配搭彰顯，提升了作品的藝術價值。

嵌鑲貝殼，也不是簡單的手藝。首先得把貝殼用鋼鋸割成薄片，以刀石磨滑，鑿成三角、星月、T、E各種形狀的細片，一小片一小片慢慢地鑲在木雕上。貝片不但須排列得美觀，也要精於設計形狀，才使藝品錦上添花、超凡脫俗！

所羅門的木雕藝品，從早期濃厚的宗教意識出發，而演化成現在著名的手工藝術，是雕刻家費盡心血長久鑽研的成果。它不但每年替島國賺取不少外匯，同時也成為國家寶貴的傳統文化。遊客更可以從各種木雕作品中，窺探島民原始生活的概況。

1998年5月寫於望古奴島，刊於《亞洲華文作家雜誌》53期

蕃薯，非象徵荒涼歲月

「日本侵略馬來西亞時期，我們全家是靠蕃薯和木薯過活的。」

曾經多次，父母親和我提起這件事。所以，每當吃蕃薯、木薯的時候，我腦海總會浮現童稚時和雙親一起走過的荒涼歲月。

以當時的離亂局勢，不必挨餓已算萬幸，當然別無選擇。但是五十多年後太平盛世的今天，假如國民仍然以蕃薯為生，那一定給人一種貧窮落後的感覺。

▲ 蕃薯為島民的主食

所羅門群島就是一個在今天仍靠蕃薯、木薯、芋頭等土產為主要糧食的國家。餐桌上每天擺著這些土產，那是非常自然的現象，似乎一餐不見蕃薯，就感到十分不習慣，

也顯得有點反常。某次所島農業部長來山寨參觀油棕種植，我們為他準備了豐富的晚餐，石斑、龍蝦、椰子蟹，都是即捕即有的海中奇珍，可是席罷農長卻問：「怎麼沒有見到古瑪拉（Kumara）呢？」

古瑪拉，即土語蕃薯也。這一問，弄得我們尷尬不已。接下來幾餐，我們學乖了，餐餐都為他準備了一盆蕃薯。他高興得謝聲連連，說道：「這才是所羅門餐宴！」原來他當了醫生，也成了農長，但無論職業如何變動，就是每餐蕃薯陪席的習慣永遠改不了。

其實，蕃薯當餐，或把蕃薯製成各類糕餅，是所羅門島民的傳統。不管是喜宴或喪禮，蕃薯總在筵席中凸顯其不可缺的身份，在海鮮和蔬菜之間展露豐彩，令人矚目。

蕃薯、木蕃和芋頭，都屬賤生易長的根莖植物，尤其是蕃薯將其籐蔓埋在土下，僅需三個月的風雨陰晴流轉，薯塊便露出土面迎向辛勤耕耘的主人了。比起木薯、芋頭的一年始見芬芳，捷足先登了三季。在糧荒的急救期，蕃薯，的確是最經濟實惠的農耕作物。可是，在物質充裕，百貨俱全的區域，蕃薯已淪為人們餐前飯後偶然一嚐的佐食而已，如擺上餐桌現形饗宴，主人恐怕要成為千夫所指了。

若與亞洲其他國度衡量，所羅門群島的落後與貧窮淺顯易見，但卻全民溫飽，國泰民安。這種和平氣氛，許多先進國家都難與爭峰。說起原因，就是蕃薯與土地創造出來的驚喜！

所島的工業尚未起步，農業有待開拓，完全屬於自立更生的農耕社會，加上土地全歸島民擁有，做到耕者有其地的目標，所以不會見到路有凍死骨的場面。

　　一把簡單的鋤頭即可大展身手，蕃薯、木薯、芋頭、香蕉、木瓜，把他們的園地點綴成一片人造綠野，短期間一家大小便雀躍地歡唱豐收。祖先流傳下來的沃壤，利於種植；一年四季風調雨順，作物獲得滋潤。島民自耕自給、三餐不愁，不必仰賴政府資援。

　　所以，很自然的，蕃薯在偏僻村鄉的市集成為主角，連鬧市京城的中央市場，蕃薯也是眾目的焦點，市場上消費的數量驚人，是菜市場無日不在的糧餉。小販擺攤，總先把蕃薯洗刷得清潔無比，塵泥不染，讓白如春筍，紅似石榴的不同種類，展露其肌滑膚嫩、凝脂暗藏的誘人媚態。

　　所島島民的生活簡單，物質欲望不高，根本不了解金錢在都城日益膨脹的壓力。每遇喜慶，蕃薯、木薯等土產製成的各類糕餅，就是左鄰右舍獻給主人的禮物，一起擺在長桌上，一面賓主言歡，一面分享廚藝，然後全村大小載歌載舞到天亮。喜慶或喪禮，沒有與金錢掛鉤，更無貴重物質的糾葛，所以他們總是無憂無慮地過日子，閒逸淡泊、樂天知命，每一天似乎都覺得自己生活在人間天堂。

　　從遠古到今天，蕃薯經已成為島民生活裡不可割捨的經濟糧食。過去我對蕃薯的印象，僅屬苦難日子裡的代用糧食。這膚淺的理念，自我來到島上就隨風而逝了。我得將蕃薯與木薯重新定位，讓它們在糧食的天秤上，與稻米同享聲譽。

　　如今，我終於體悟，蕃薯當餐，其實並非生活在荒涼歲月！

2003年1月8日刊於《南洋商報》

所羅門寶藏

　　千山獨行、蹤影飄忽的詩人莊延波，近年經常在馬來西亞與所羅門的天空來回穿梭。有一回在吉隆坡共餐時，他對同桌的朋友說：

　　「在所羅門想吃龍蝦，根本不必花錢，只需走到海邊，伸手一撈就有了！」

　　他的話雖帶有誇大的成份，但所羅門群島的海產，包括龍蝦在內，其藏量之豐富，價錢之廉宜，倒是千真萬確的事。

　　這裡有兩個主要成因：

　　所羅門不單是群島之國，其星羅棋佈的島嶼散落於一望無際渺茫遼闊的海域，同時擁有世界最遼闊的瑪洛科內海，有了自然屏障，成為魚族隱藏群集的溫床。

　　其二，所羅門人口稀少，全國人口僅四十萬，對海產的消耗量有限。出口方面，政府制定了嚴苛的捕捉法令，只允許用釣鈎；即使在深海，也不准用拖網。這對魚產增減的影響，不會有很大的逆差。

　　日本與所羅門政府聯營的Solomon Taiyo鮪魚罐頭製造公司，每年所釣捕的鮪魚也不過四萬公噸，對於四面環海、畛域遼闊的所羅門群島來說，這個數目僅屬滄海一粟，對島國的海產毫無影響。

結隊成群在深海裡優遊快活的魚族，若限垂釣捕捉，即使再過幾千年，縱使沒有大量增加，恐怕也享用不盡吧！

所羅門海產之豐富，可想而知。

除了冷凍和罐裝鮪魚暢銷國外，著名而鮮美的魚產如紅鱸、馬鮫、蘇眉、石斑、海底雞、泥猛、海鯉……無不應有盡有，而且無論是哪一種魚，市場的售價都一律。不像在馬來西亞或香港等地，魚被分成許多等級，價錢相差好幾百倍。但是在所羅門，你買老鼠斑也好，海底雞也好，都是每公斤所幣五元（相等於一美元），而且鮮魚全是剖腸去肚的，其新鮮度更非其他國家所能匹比。

我們住在營寨，要吃魚簡單方便。下午放工，找幾個喜歡垂釣的伙伴一同出海，夜晚回來往往有上百斤的收穫，可以供伙食部一、兩週的食用。所以，我們的餐桌上不只天天有魚，而且餐餐是魚，都是免費的，新鮮度自不必說了。

在人口眾多的國家，龍蝦常被列為海產中的珍品，價值不菲，能夠吃得起龍蝦的人，非富則貴。此無他，因為龍蝦是海產的稀品，面臨絕跡，有時有錢亦未必嚐得著。但在所羅門，龍蝦在各島嶼的海域中出沒，繁多又普遍，島民潛水捕魚經常捉到。

除了鮮魚，島民對其他海產興趣都不大，包括龍蝦、螃蟹、海參及貝類。也因此，造成龍蝦的身價在所羅門無法標清，與鮮魚共浮沉。土人工友有時把捕獲的龍蝦免費送上，有時也索取比馬來西亞「甘榜」魚更賤的價錢。

龍蝦和螃蟹，在菜市場，甚至在霍尼亞拉的中央菜市，也絕無蹤影，不見小販售賣，但在華人餐館可以吃到，價錢也驚人地貴。

▲　山寨裡龍蝦每隻只賣一美元

　　霍尼亞拉有好幾間專收購海產的冰凍庫，龍蝦、海參、魚翅、鮮魚均在收購之列，主要市場為美、日、港、澳等地。或許因海產來源局限，冰凍廠的規模都不大，只靠幾個運箱作冷房。

　　椰子蟹，外形怪異而醜陋，卻是所羅門群島的特產，譽為海中國寶，政府嚴禁出口。椰子蟹因喜噬椰子而得名，其螯臂粗壯有力，是將椰子剝皮破殼的「鐵鉗」子，更是挖掘雪白椰肉的利器。

　　如果我們皮薄肉軟的手指被椰子蟹的螯臂挾到，想像其結果吧！手指怎能比椰子殼堅硬！然而，它那兩隻因長期運動而肌肉發達的「鐵臂」，肉細鮮美，成為桌上佳餚。椰子蟹腹內糊狀的部份，因長期剝噬椰肉，含蘊著醇濃的椰子味，摻在飯裡吃，齒縫留香，使椰子蟹的聲名遠播。

　　所羅門的海產，有些仍有待開採，尤其是貝類。一些在別國視為桌上珍品的，島民看作平常物，最凸顯的莫如鮮蠔。在島嶼沿岸的綠色叢林，殼大肉肥的貝蠔密密麻麻地黏在紅樹如傘骨的浮根

間。有些年久日深繁殖了又再繁殖，甚至三、五個夾在一起，也有的脫落在淺海中，撈起時乍看像一塊塊凹凸不平的岩碎石，細察方知是蠔貝。用鐵錘鑿開貝殼，把乳白色的蠔肉挑落，半個下午，三幾個同伴可以採到不少於二十公斤的肥美的蠔肉。

這些蠔，若在馬來西亞，每隻十令吉（約三美元）也難吃到。

還有一種貝類，大小如母指，味與形都與鮑魚相似，鮮美甘飴。我們喜歡叫他「迷你鮑」。有次我問台灣買樹桐的船客，原來真正的名稱叫「九孔」，因為它的蚌殼有一系列精緻而排列整齊的小孔；柳葉形的蚌殼，幌閃著水晶體一般的光澤。船客說「九孔」才是鮑魚中的極品，價值非凡。實價多少，除非拿去餐館讓食客品嚐，不然就難有實際的答案。

要是生活在所羅門，如果有人說石斑魚、龍蝦、螃蟹、鮮蠔甚至於魚翅都吃膩了，不是吹牛，別感到驚奇！

1999年5月17日刊於台灣《中央日報》副刊

檳榔的誘惑力

▲　市集街邊隨處可見賣檳榔和荖葉的攤販

　　嗜賭與爛飲，為所羅門男女的兩大隱憂。

　　小小的城市霍尼亞拉，人口只有十萬之眾，卻有四所頗俱規模的合法賭場，俄羅斯輪盤、撲克、吃角子老虎機……無一不有，而且營業通宵達旦。致於飲酒，島民更是無醉不歸，只要袋裡有錢，

不是淺嚐即止，而是狂喝爛飲。所以霍尼亞拉街頭巷尾，出現很多燈光燦爛的「酒瓶店」（bottle shop），遇到發薪的週末，「酒瓶店」直到深夜，生意仍然源源不絕。

但是賭博與飲酒是屬於較高消費，有固定收入的人家才能享受到的「樂趣」。雖然島民所愛多是啤酒，但在所羅門啤酒的身價也不低，鋁罐裝賣價要六元所幣（約等於一美元），而普通工人的日薪只有所幣十五元左右，一天的收入僅足買兩罐啤酒，低收入的島民只有望酒興嘆！

所以口袋空空的時候，他們便找啤酒的代替品——檳榔。

檳榔，植物學名Areca catechu，所羅門稱它betel nut，屬於小形棕櫚科，高五十尺左右，馬來西亞的馬來村落隨處可見，但檳榔在所羅門之普遍及受歡迎的程度，馬來西亞望塵莫及。當你走入霍尼亞拉的菜市場也好，魚市場也好，你會發現許多攤子甚麼土產都不擺，獨沽一味地賣檳榔。

馬來西亞、台灣、所羅門都是檳榔著名的出產地，但各地人們對檳榔的吃法品味迥異。最愛咀嚼檳榔的馬來西亞人是印裔，馬來村民好此道者已日趨稀少。他們雖也摻同荖葉、石灰一起嚼，然所吃全為老檳榔：等檳榔在樹上由青轉紅——成熟了，才整束採下來，去皮，把檳榔仁切片，曬乾，然後供食用。台灣人愛嚼青檳榔，但品種似乎有別於馬來西亞和所羅門的檳榔，台灣的「迷你檳榔」僅大如指頭，其他二地的則有雞蛋般大小。

所羅門人所吃的檳榔，成熟度介乎馬來西亞與台灣之間，既不熟透又不過於幼嫩，當果實表面尚青綠時便採收，吃時整顆放入口

中，把纖維質的外皮咬裂丟棄，檳榔仁便任由咀嚼了，不必用到刀鋏等利器。

所以，所羅門人出門，不管遊玩或工作，食物開水可以不帶，但一定不會忘記兩樣東西：一是煙草，另一是檳榔。他們在街上溜搭，年輕人都喜歡背後吊一個背包，裡邊放的就是這兩樣提神的「寶貝」！

檳榔在所羅門被譽為窮人的啤酒，因為它像啤酒一樣可以刺激腦神經，卻又價錢低廉，每顆檳榔只售三、四角所幣，人人買得起。根據愛嚼檳榔的土人說，吃一顆檳榔比喝兩杯啤酒更加使人飄然、醺醉、眩暈……尤其在工作的時候嚼之，可以忘掉炎陽的酷熱、淌汗的辛苦，甚至於連饑餓也被檳榔的刺激沖淡了。

所以，所羅門土人上至高官顯要，下至市井小民，無不把檳榔當作心肝寶貝，其瘋狂沉迷的程度，一日無此物而不歡。據說有一次，農業部派遣一批高官到馬來西亞考察，幾天後，人人都顯得無精打采、疲乏不堪。查問之下，一個回答說：「好吃好住好玩，就是缺少Betel Nut，比沒有啤酒更難消受呵！」

馬來西亞與所羅門不同，馬來西亞的檳榔不但不會在街邊的攤子出現，連菜市場也沒有擺賣。印度人所咀嚼的檳榔片，只有雜貨店方可找到──青檳榔似乎絕跡市場。

招待員這才明白，一聲「沒問題」，把他們帶到馬來鄉村，買了幾大串青檳榔放在車上，他們一路吃一路興奮地歌唱起來。

由此足見，檳榔對所羅門土人的誘惑力，是何等詭異兼神奇！

吃檳榔，往往連同荖葉、石灰配合，一起咀嚼，因此滿口艷

紅，如同茹毛飲血。吃檳榔的人隨時隨地吐出溶液、渣滓，引起嚴重的衛生問題。

在霍尼亞拉市區，店前店後、路旁溝渠、涼亭樹下，你會發現無數「紅漬」，彷彿是斑斑血跡，這就是嗜檳榔者的「傑作」：以檳榔、荖葉、石灰做調色，以口代畫筆，在地上製作了許多紅星星。所以，有些政府機構和公共場所，如醫院、學校、教堂，都貼上禁止檳榔的通告，免遭紅唇之災；所羅門航空公司的飛機在起飛前，空中黑姐也必向乘客宣佈：「This is no smoking and betel nut chewing flight」，就是擔心嚼檳榔的後遺症。

政府曾多次在國會上討論禁止隨街嚼檳榔的惡習，但迄今尚未實現。看來所羅門群島雖有充足的雨量，也沖滌不去城鎮裡嚼檳榔遺留的血紅斑痕！

2000年3月27日刊於台灣《中央日報》副刊

骷髏島

因為古代曾經發生過獵人頭的史實,所以所羅門的骷髏洞、骷髏島,多如林中綠樹,數也數不完。

說是古代,其實,所羅門群島獵人頭的習俗,歷史並不太遙遠,只比二次世界大戰早些結束而已,確實尚未超過六十年。

現在,這些埋藏在隱祕洞巖或偏僻海島間的人頭骷髏,不少經被政府加以修整,開闢成為吸引遊客的光觀景點了。

趁假期之便,最近,我和妻子到西省幾個旅遊景點觀光,途中經過那兒著名的骷髏島,兩年來縈繞胸臆的夙願,促成了這次的機緣。

我們在潛水、垂釣的天堂文打(Munda)留宿一夜後,翌日一早搭快艇向西省的首府基索出發。而骷髏島則是我們海程中必經之地。

▲ 石堆裡全是骷髏

懷著如此荒古幽情,弔詭、神祕、詭譎更兼恐怖的奇景,就近在半小時的漂程裡,令我歡欣不已!

快艇只有四張座位,但乘客只有我們夫妻兩人。舵手為年輕島民,有問必答,態度誠懇而熱情。

「今天天氣晴朗，風平浪靜，我們沿內海行駛平穩得很。」
他說。對著遠處浪濤怒吼、無邊無際的南太平洋，顯然他在安慰
我們。

很好。出門求平安，尤其在縹緲的海上。

「請你在骷髏島停一停，讓我們參觀。」當舵手開動引擎
時，我再三囑咐他，深怕快艇在飛翔滑浪間，一掠而過，與骷髏島
失之交臂。

這天果然風平浪靜，海洋遼闊而湛藍，島嶼綿延而蒼翠，不
論仰望或俯瞰，都是一片好風景，旖旎、明媚、蓬勃，令人心怡
歡暢。

須臾，快艇降下了速度，在一個蕞爾小島前緩緩停下，舵手嚷
道：「Here is the Skull Island！」

沒有碼頭，艇兒不能直接靠岸。舵手熄了引擎，跳下淺灘，熟
練地把快艇推動，直到擱淺為止。於是我也跋著涼鞋下艇，妻子依
然不動的端坐艇上。

「好可怕呀，死人的骨頭！」她搖頭，臨陣退縮。

只有我和舵手涉水登岸。骷髏島不過是淺海中浮凸的一片小
洲，小到僅堪建築一間食風樓。島上不見繁茂參天的古樹，只有灌
木和雜草，四處叢生。

我們沿著荒徑走不到二十步，便見到一座礁石堆砌而成的台
階，高四尺許，有十餘尺寬大，其上歪歪斜斜地擺著一個陳舊不堪
的A字形木盒，識途老馬的舵手一聲不響地將木盒的門蓋揭開。烏
呀！我被嚇得一跳，裡邊盡是陰森森的、白慘慘的人頭骷髏！

舵手指著堆疊整齊的礁石對我說，裡頭嵌藏著的全是人頭骷髏，估計超過一百具。我仔細觀看，真的除了木盒，礁石縫隙間隱隱約約都是骷髏。

　　我終於明白，這不是礁石「台階」，而是一座不折不扣的古墓，一座爬滿茸茸綠草，經歷了不少風霜雨露，令人望之而心生恐懼的古墓！

　　「貯在木盒裡的，全是酋長的頭顱。」舵手解釋。他無疑成了我的臨時導遊。因為有木盒保護，免受風雨腐蝕，這十餘具酋長骷髏堪稱完整無疵，頭蓋光亮潔白，齒牙清晰可數。木盒周圍散鋪著很多所羅門傳統的貝殼古幣。這些古幣，現在仍然價值不菲呢！

　　原來在二次世界大戰之前，所羅門群島還處在混沌的蠻荒時期，各地分成許多大大小小的部落，由酋長統治，而酋長頭顱不保，也就等於一個部落宣告滅亡，土地遭侵佔，壯丁被敵方殲滅，小孩婦女成為俘擄。

　　所以，古代土人出征，擒捕或殺死敵方酋長是戰役中一項輝煌的勝利，一件令勝者歌舞通宵之盛事。那時候，人頭獵得最多的便成為部落的英雄，可當酋長，盡享風光！

　　骷髏島，僅是個彈丸之地，竟也埋藏了超逾一百個戰士骷髏。我想，這些堆疊成台的礁石，每一塊，必都沾滿過腥羶的血漬，和歷史沉痛的記憶！

1999年2月28日寫於所羅門

基索，西省的大煙囱

霍尼亞拉、杜拉奇和基索（Gizo），是所羅門的三大名鎮。

以人口而論，基索被擠落第三，然而它的聲望和知名度卻遠超舊都杜拉奇，因為它不僅是潛水、垂釣的勝地，更是南太平洋風帆比賽的終站。

每年五月間，所島國慶前，政府都舉辦國際性的年度風帆賽會，以澳洲的布里斯本作起點，參賽者經過一千兩百里的闖波逐浪，而最終在基索落帆泊岸。

基索為西省的首府，成為該省各群島人民薈萃之重鎮，除了有多家銀行，省政府的各項行政機構如教育、經濟、政治、福利等，都集中於此。也因此，基索被譽為「西省的大煙囱」（The big smoke of Western Province）。

我從西省的瑟凱機場乘內陸小型飛機，只需四十五分鐘便抵達基索，但我在默如蘇營寨一住兩年，未有涉足省會的機緣，直到去年年終趁回國度假之便，才得一償夙願。

從旅游手冊上，我知道這裡有間基索旅店，正想打聽它的地點，沒料舟一靠岸，Gizo Hotel斗大的招牌便晃在眼瞳，於是忙把行李提上岸，辦理入住手續。冷氣雙人房所幣三百四十元（約美金八十五元）一晚，沒有甚麼特別的設施，當然很貴。好處是旅店瀕

海，掀開窗簾，可以清楚地、盡情地欣賞周圍大小島嶼的風情，和綠叢裡鄉村的景色。

我們的房間在二樓，從窗口俯望是一條頗寬的泥路，循著海岸蜿蜒而去，悠閒的行人三三兩兩，而車輛卻難得一見。大小不一、顏色各異的舟艇，泊滿了整片海岸；除了獨木舟，還有裝配引擎的快艇。

把行李安頓後，我們匆匆下樓，要去露天菜市場參觀。

菜市場就近在旅店旁，攤位沿著泥路和海岸一直擺過去，所販賣的土產不外乎鳳梨、香蕉、木薯、蕃薯、蕃茄、檳榔、荖葉和菜類瓜果。那些形長而大的西瓜，皮青肉紅，鮮艷得見之而垂涎三尺，妻子忍不住買了兩塊，我們邊走邊吃，又甜又脆，十分爽口。

走盡了菜市場，便進入基索的街道，這裡有銀行、五金商行、快餐廳、時裝店和專賣各種酒類的「酒瓶店」。經營生意的大部份是華人，所以，基索的市區也被稱為「唐人街」。

我來基索，除了觀光，還有兩個目的：其一想見所羅門著名女詩人朱莉‧麥金妮（Jully Makini），探聽有關所羅門文壇

▲ 早晨的基索渡頭泊滿舟艇

的概況；其二想到鄰近的新普（Simbo）島，一睹神奇的美加寶（megapode）鳥的豐采。

　　但是，當天下午我向旅行社查問，新普島去不成了，島上的地主發生土地糾紛，暫時謝絕任何遊客登岸。我乘風破浪而來，得了個壞消息，心中沉悶極了。幸虧女詩人沒有拒絕我的訪談，贈送我兩本她的詩集，還向我略述了所羅門文壇的近況。

　　第二天，曙光初露，軋軋的引擎便由海面接連傳來，原來是趕集的舟艇，從四面八方的海島載了土產和魚菜前來菜市交易。

　　這裡和霍尼亞拉不同，霍尼亞拉菜市場以汽車運輸貨物，而基索似乎全靠舟艇。所以，不足兩小時，菜市前面的海岸已無空隙，擠滿了舟艇，形成了堵塞現象。遲到的木舟快艇，只好泊在離菜市較遠的邊岸了。

　　這時候，天不作美，竟落起濛濛細雨，但海面的舟艇來去依然絡繹不絕，整個海面充滿了蓬勃的動力。我站在邊岸的樹蔭下，遙望浮在渺茫的南太平洋碧波裡的新普島，渺小而迷濛。嚐過比雞蛋還大、還香的美加寶鳥蛋，而卻與這種奇異的鳥緣慳一面，心中留下的遺憾，我想，只有重訪基索時才能彌補了。

1999年3月8日於望古奴島

第二輯

面山背海的日子

在動蕩裡尋找降落點

　　七月六日中午，我們夫妻倆又再踏上所羅門蔥蘢的土地，真是意想不到的事。

　　和我們同來的，是公司的新舊職員。舊職員不久前因所羅門發生內亂，隨馬來西亞政府派出的軍機歸國避難，如今局勢較安定，他們又按捺不住驛動的心，重新上路，在動蕩裡尋找降落點。

　　我們夫妻倆與他們有異，既未倉皇撤退，也非初臨貴境。曾經，我們在這神祕又詭異的島國歡享了三年零兩個月的美好時光。

　　離開時，恰好是千禧初臨、龍年列車入站時刻。還清楚地記得，離開時，是春吻人間的正月十六日。這次重臨異鄉，恰好滿六個月，不多不少。我們休息了半年，真正在自己的屋簷下享受了一百八十個日子的清靜，還有閒暇，還有溫馨。

　　年屆六十，該收拾行囊，折起心情，讓流浪的舟子歸航了。六十歲退休，比一般人多勞碌多流汗了五年，算是對得起天地父母，無愧於社會人生了吧？

　　於是，決定之後，我即向公司呈上心願。

　　說心情釋然毫無眷戀是假的。對生活了三年多且留下斑斑足印的年輕土地，對挾困於文明與混沌間，始終快樂地面對人生的島民；還有大海青山，濤聲浪響，一一都難以割捨……

▲　從高空上鳥瞰霍尼亞拉，風景迷人

　　曾經有個退休後的計劃，讀書、寫作、攝影、繪畫，或旅遊，但沒有一項依序完成。而流水無情，六個月的時光眨眼間從指縫裡悄然飄走。

　　於是感到沉悶，同時彷徨打從胸間泛起。終於有一天，以前服務的公司捎來電話。

　　——休息了那麼久，該遊歷的地方一定去過了，回去所羅門生活吧！公司仍然需要你。條件嘛，重新商量過。

　　那是今年五月間的事，我說我會考慮。

　　沒想六月間霍尼亞拉便發生了軍事爭端，島國頓時成為國際焦點，一時風聲鶴唳，外僑有如驚弓之鳥。

　　我想：出國之事，不必考慮了。幸虧，不久之後，亂事便告平息了，公司又舊事重提。

——你所提的服務條件沒有問題。公司已為你們夫妻安排了機票和行程，七月十五日由吉隆坡起飛。

接著第二天，新的合約就「飛」到我家了。

沒有考慮的餘地了。

一切既定，我們唯有打點行李，整裝待發。

＊　　　　　＊　　　　　＊

在新加坡過境時，我們與砂拉越來的新舊同事集合，近乎二十人，可謂陣容浩浩蕩蕩。澳洲布里斯本與霍尼亞拉之間的航線因所羅門的政局影響，暫未恢復服務，我們全體都改乘新幾內亞航空公司的班機，經莫斯比港而轉霍尼亞拉。

飛機於當晚十時由樟宜機場徐徐升空。這時刻的獅城是萬家燈火、車水馬龍，一片燦爛繁華景象。這架七三七波音機全機客滿，且乘客的目的地，絕大多數都是局勢尚待解決的霍尼亞拉。

——所羅門真是個淘金的樂土嗎？

我心裡不禁暗自驚異。

七月六日當地時間五時三十分，天微亮，飛機便在莫斯比港著陸了。旅客只不過在機場過境，逗留也不過兩小時，但海關檢查嚴苛，除了翻看護照，也同時審查所羅門的工作證，一切妥當無誤，方才放人登機。

這裡的機場比霍尼亞拉的機場大，也較現代化，但若與樟宜或吉隆坡的國際機場比，又顯得小巫見大巫了。

近中午時分，飛機便在霍尼亞拉的上空盤旋、尋找降落點。我探首俯瞰，透過那片小小的窗口，只見整個機場靜悄悄的，過去那種擁擠熱鬧的場景，消逝得無影無蹤。機場外那片深綠的叢林，同機的一位同事說，上月間他乘馬來西亞軍機離開時，正是兩派革命軍交戰的地點；低矮的樹叢裡，不只聽到鎗聲卜卜，還目睹追逐中幌動的人影呢！

似乎，現在一切已重歸原貌。

走下機艙，環顧四周，心情在恬靜中不免產生幾分忐忑；動亂的陰影，依然縈繞在許多人心裡，揮之不去。

護照經海關審核後，領了沉重的行李，踏出機場禁區，第一批先抵步的同事已備車等候，異地重逢，不禁喜上心頭。今後我們這班離鄉背井的漂泊客，有甚麼風吹草動，都必須互相照應了。

離開了半年，霍尼亞拉的風貌依然。最凸顯的是它的道路，修理之後還是滿目瘡痍，窟窿處處；不同的是，來往的車輛，少了；流浪的行人，也少了。昔日熙來攘往、車水馬龍、絡繹不絕的孟達那大道，此刻也冷冷清清，過去的繁榮盛況已不再。一些商店也還未開門營業。等待進一步的明朗局勢吧！

霍尼亞拉，還留下許多戰亂的斑痕，等待撫平。

因同時抵達的人數過多，公司的宿舍不夠分配，我們夫妻被安排居住在唐人街的霍尼亞拉旅店。旅店建在斜斜的山坡上，前面不遠處就是充滿二次世界大戰歷史傷痕的鐵底海峽。那些暴露著人性凶殘的海底鐵魂——墜海的戰艦和戰機，仍舊隨著潮起潮落，向人間的文明作出警惕的呼喚！

經過十餘小時轉機換站，我雖感舟車勞頓，當晚卻思潮起伏，不能恬然入夢，夜半依然聽到深邃又悠遠的濤聲，一陣陣由遠而近，又一陣陣由近而遠……

　　只有輕柔的海風，不受戰亂的影響，永恆蕩漾在霍尼亞拉燈火昏沉的夜色裡。

　　　　　　　　　　　　　寫於望奴島

京城，六月鷹飛

　　貴為一國之都，霍尼亞拉自有其迷人之處。

　　這次重來所羅門群島，只在霍尼亞拉留宿一宵，翌日一早便乘內陸班機飛往望古奴島了。是故，對於騷亂後的京城，印象不深，只攝取到它車少人稀的片面圖景。

　　望古奴距離京城還需一小時飛程，不受騷擾的影響，風平浪靜，但是霍尼亞拉為群島通向國際的大門戶，它的一舉一動，不但直接影響島民生活，也間接牽動所有異鄉客脆弱的心靈。

　　這時候，兩幫製造騷亂的兵馬正在談判，我每天都十分留意霍尼亞拉局勢的變化和發展。沒有電視，也買不到報紙，新聞消息來自所羅門廣播電台。

　　八月初，騷亂的雙方同意停火了。

　　這是所國政府付出一千多萬所幣給兩幫亂軍所獲得的「成果」。暫時休戰了，我又回來京城了。

　　我到時，日正當空，萬里無雲，驕陽照耀下的京城一如往昔，它的商業建築，它獨特的圓形國會大廈，它的美拉尼西亞文化村，還有箱運港口，鳥瞰中一切依然披上迷人色彩，聳立於鐵底海峽邊岸，形成系列氣勢干雲的碉堡。

　　霍尼亞拉把九省的政治、經濟、文化、教育、旅遊、航運等等重要的國家機構，全部納入它的衣袖裡。八方風雨會京城，也許正

因為這樣，霍尼亞拉便成為窮鄉僻壤島民仰望的淘金天堂，從各島蜂擁而至，尋尋覓覓，長久不肯離去。

這裡有七千公頃的油棕園，有煉油廠，有提練金條礦場，有虎蝦廠……而前來的島民之中，以馬來塔人最眾。同屬美拉尼西亞族，馬來塔人一向以勤奮、聰敏、機靈群領他島，同時也最勇悍。幾十年來，他們的足跡遍佈了京城各階層，成就把其他各省的島民遠遠拋在後頭，移居到來的人口也日益膨脹。

人窮親離，人富招嫉，竟想不到一年之前，他們竟被京城所在地的瓜達肯納島民驅逐回鄉，連千多名在油棕園日求三餐溫飽的勞工也不能倖免。

這些被「依沙打布自由軍」（Isatabu Freedom Movement）趕回馬來塔的居民，當他們扶老攜幼馱著細軟離去時，曾經發誓：「總有一天我們會回來的！」

果然他們回來了，就在今年的六月，像一群怒目張爪的飛鷹！佔據了京城各個角落。

經過一年的臥薪嚐膽，在安頓好家眷之後，他們以「馬來塔鷹軍」（Malaita Eagle Force）的姿態出現霍尼亞拉，用真槍實彈於一夜之間控制了沒有軍隊的政府與首相，與自由軍直接對壘，把所羅門群島這個默默無聞的名字推上了國際舞台，令人注目。

這次行動，他們自稱為「禿鷹風暴」（Eagle Storms），而這場風暴，幾乎摧毀了所有京城市民的正常生活。穿著綠色軍衣的鷹軍，荷槍向商業機構勒索，進入商店就搬走食品用具，還強駕走私人車輛、船艇，據為己用。

我到一間五金商店辦貨，見不著平日笑臉迎客的老板。店員說：「老板到澳洲避難去了，大概要局勢較安之後才回來。現在買貨要收現金，不接受貸貨單。」另外他又告訴我，貨物須自備貨車運載，因為上月間鷹軍半夜硬闖倉窖，劫走了七部車輛，剩下的車輛公司租用「駁船」（burge）運去依沙貝爾島藏起來，店裡沒車輛了。

人要避難，連車輛也要避難。處處鷹飛，使整個迷人的京城，突然間變成了人間地獄！

遂想起京城過去安祥寧靜的歲月。那時，無論在日裡或深宵，也無論從東由西由南到北，你可以自由倘佯，除了要稍留神「酒瓶店」或酒吧裡醉步踉蹌出來的酒徒，保證你平安而無顧忌。

雖然局勢如此，我大部份的日子都在望古奴的深山叢林間消耗，卻也是進出霍尼亞拉的常客，多數為辦事，有時度假。不管為公為私，總免不了流連三五日。常常，晚餐過後，當同事們都進了色彩斑斕的賭場運財，我便從鵝西嶺的食風樓下來，將汽車停泊在鐵底海峽邊岸。夜幕低垂，晚風漸緊，我便這樣讓怒潮捲走我日裡的忙亂與疲憊，直到滿天星斗密密麻麻自海上的夜空亮起……

如今，這樣閒靜清恬的圖景已交給了歷史。一到傍晚，連賭場也滅燈逐客，街上人蹤絕跡，只有寥寥落落的車影載著匆匆趕路的夜歸人。

一切都陷入恐惑不安的死寂裡。

這就是「禿鷹風暴」影響所及。

它真的像一陣呼嘯而來的風暴，驟然間把京城市民的生活腳步擊碎。現在騷亂雙方雖已停火，但六月風暴掠過的斑斑傷口，依然蕩漾在人們的心靈，難以撫平。

　　京城迷人的夜色，死了，死在六月鷹飛的翅翼裡；等待復活，向時間和流水去尋找答案吧！

　　會有這麼一天吧，也許。

2000年10月9日刊於《南洋商報》

背山面海的日子

　　像被秋風捲起的一片落葉，我飄落在所羅門群島一個蒼綠的島上，一住便住了三年多。

　　這個名叫望古奴的綠島，比新加坡大兩倍多，但是，不說也許你不信，人口只有三千餘人，比起新加坡兩百多萬人口，真是差距懸殊。整個綠島，沒有小鎮，也沒有公路，島民瀕海而居，出門靠獨木舟，生活樸實、簡單。

　　公司要我在島上開創油棕種植，未來之前我暗暗叫苦，以為我們居住的墨如蘇山寨為偏遠蠻荒之地，必然孤掌難鳴。抵達之後方知一切齊備，不但有完善的宿舍、辦公所，同時有水電供應。原來公司在此砍樹伐木已超過五年，山寨所有的設備逐年改善、增設，而鄰近的島民也逐漸移居，如今山寨實際上已形成一個人口數百的村莊，有學校，有教堂，也有小型的診療所。

　　我們的宿舍是T形的建築，除了蓋頂的鋅板，圍牆、柱子、地板、門窗，都是用自鋸的木材。所羅門群島十分之九的土地都是熱帶雨林，木材豐富，不只是山寨，連京城霍尼亞拉大部份的建築也是木材建造的。

　　我們的宿舍連接著辦公所，後面為職員的膳堂，所以除了入山巡園，辦公和吃飯，都不必走出這座建築，異常方便。宿舍後面是

元寶形的高山，提舉著超過一千公尺蒼翠和傲岸的望古奴山，雲霧氤氳，山嵐磅礡，峰巔終年鮮有展露面目的時候。

據說，這是一座死火山，幸而是一座死火山，如果還在吐焰，我們焉能在它的腳下伐木耕種！火山土泥層深厚，土質肥沃，土人耕作不必施肥，也不必灌溉，蕃薯、木薯、芋頭、瓜菜長得嫩綠肥碩。火山口像是一個巨大的蓄水池，每星期都會撒下好幾場雨，讓整個山寨的空氣獲得調節，花草林木也因此含笑常青。

近海多風，靠山多雨，我信我信。有時在山腳下工作，明明是個晴朗的艷陽天，突然間起了幾陣風，山巔雲靄四合，驟然雨水便嘩嘩落下來了，令你難以預測，同時也無法閃避。

免不了的，要帶著一身潮濕回寨。

山寨的宿舍，背山面海。我住在長屋最前的一間房，房外為長形的廳堂，隔著紗窗向外望，就是一片湛藍的海，海風呼呼，早晚不絕，尤其在深夜裡，風聲更緊也更清晰，這時讀書和寫字，總得在房裡進行。如果遇到夜雨，風聲雨聲雜逐而來，常常當你不經意的剎那，冰雹似的暴雨嗶嗶啪啪地打在屋頂上，助虐的狂風就會把雨點透過紗窗送進廳堂，將窗戶打濕，地板也打濕。

有時疏忽，忘了把擺在桌上的報紙、書

▲ 這就是望古奴島的墨如蘇寨

本、紙筆等收好，被風玩具般拋拋捲捲，翌日起來，唯有從牆角間去收拾殘局了。

除了旅行，我未住過海濱，也未享受過山峰秋涼的氣候，因為我的鄉愁落在一片無山亦無海的平原上，只有稻田汪汪，阡陌縱橫。如今，生活在充滿鄉野氣息的山寨，每一舉步，每一投視，眼眸所觸及的，不是翠鬱的高山便是波紋蕩漾的碧海。不必走出戶外，靜坐廳堂便可聆聽輕風拂來近處的潮響和遠處南太平洋喧嘩的濤聲。外出，向著望古奴山踏步，不斷的提舉自己，想和山脈較量大地給予的傲岸，愈走愈遠，愈遠愈感到山路崎嶇，蜀道難行，而收進眼簾的圖景就更加明媚，也更加旖旎了。

公司紮營墨如蘇，為絕佳選擇，因為一來無旋風，二來無巨浪，運載樹桐的遠洋貨輪四季可泊岸。墨如蘇成為山寨的另一個絕點，是它地處瑪洛科內海的末端，快艇往南走十分鐘，便是一片茫然大海，一片沒有島嶼也不見環礁的秋水共長天一色的淼淼，驚濤駭浪日夜不停的怒吼的南太平洋。有時候午夜夢迴，輾轉反側，裂岸的濤聲從靜寂的夜空穿窗跨戶，成為季節性的自然律動。

望山看海的生活，我想還會繼續一段日子。

2001年1月8日寫於望古奴島

在大海與土地之間

▲　島民瀕海結居，生活悠閒

「所羅門群島的空氣新鮮得足以瓶裝出口！」

說這句說的人，是在所羅門群島伐木多年的莊延波。

他的話，一點也不誇張。

所羅門舉國大大小小近千個島嶼，濃密而寬闊的熱帶雨林九成
尚未開伐，除了湛藍無際的汪洋，便是蒼蒼鬱鬱的山林，土地遼闊
而人口只有四十萬，所以空氣清新是有足夠理由的。

但是，假如以地廣人稀來敲定「空氣足以瓶裝出口」，似乎欠缺根據，難令人信服。

所以我不得不浪費一點筆墨了。

先說大海。這裡的海，四季湛藍碧綠，澄潔明澈。每次乘飛機進出京城，總忘不了從高空上俯視那波濤洶湧的琉璃，因為在一片遼闊湛藍之外，環繞在島與島邊緣的波紋另呈姿彩，是層層像翡翠般的深綠，而湛藍碧綠兩種色彩界線分明，一點也不含糊。

初來時，不明緣由，覺得頗為詭譎，感到驚奇無比。其後才明瞭，海水翠綠是由於平靜無波，缺少浪濤衝擊，海床聚集了多層苔鮮和綠藻；經歲月長期的累積使深海和淺海各顯不同面貌。

不過，無論是那一種色彩，海水均散發出無限嫵媚、旖旎，同時又誘人的亮麗光芒；而種類各異、形態有別的海底珊瑚，有如鹿角，有如蕈雲，或橢圓、或長扁；有怪異像仙人掌，有斑爛若鮮花，妊紫絳紅，形成了壯觀的海底花圃，歷歷在目，不需潛水也看得心曠神怡、五目眩迷！

所以，土人經常誇耀，他們擁有世界上最迷人的海。

真的一點都不假。

*　　　　　*　　　　　*

土地屬於人民的。

南太平洋所有島國，都實行這種土地制度。無論森林或河流，環島海洋，主權非屬國家，而是屬於人民。氏族居住的地方，所管

轄的土地，世代相傳；有關山林開伐、土地利用，都是由地主自行處理，政府只作環保範圍的監督，和法律上的協調。

所以，似乎所有的島民都擁有土地，都是地主，可以自由在自己的土地上耕作。

所以，在風輕浪靜的海灣，椰林間樹叢下，島民背山面海建居所。以碩莪棕櫚蓋搭的葉房子，綠蔭裡疏疏落落。這些房子看上去簡陋，但除了足以蔽風遮雨，還日暖夜涼，比鋅板建造的更清爽舒暢，雨來也不會有叮咚的雜響。對於純樸樂天的島民，高樓與車子，幾乎不是他們的夢想。然而，他們也有逍遙的時刻，葉房子的木柱，常繫著一艘隨時待發的木舟。槳聲裡，不費燃料的輕舟隨時可以衝向湛藍大海。

是故，一葉扁舟，一支漁具，加上長刀一把，就涵蘊了他們全部生活的內容：出海打魚，入山耕作，那是一種很原始的生活模式。森林和原野提供了一切用品，大海與土地捐獻了所有的糧餉。米飯未必是最香的餐糧，蕃薯、芋頭、椰子、香蕉和魚也是一種上乘的搭配，味美可口，文明鬧市裡的人們不會想到。甜蜜又多汁的鳳梨，風味獨特的木瓜，不含農藥的楊桃、西瓜和蔬菜，都是土地的寵兒，島民的佳釀。遇到欠收或甚麼也沒有的時刻，不必擔憂，一顆椰子就飽一餐了——椰子四處扎根繁殖，同時四季果實不斷。

所以，他們永遠逍遙在滿足的天地裡，沒有煩惱，沒有憂傷。

＊　　　　＊　　　　＊

大海與土地，永遠是人類取不盡的寶藏。

所羅門土地屬於是火山沖積層，土質深厚肥沃，任何農作都成長迅速，鮮嫩肥美、風味特佳。無須施肥，不必噴殺蟲劑，播種之後就靜等收穫，享受成果了。

我們的播種程序先要鬆土，然後下種、除草、灌溉、施肥，噴射農藥，治病療傷，果實還須套袋。通過一系列沉重而繁複的嘔心瀝血，才從汗滴中見到成績。

兩相比較，所島土人無疑省略了許多勞作，還有心思。

由於天時地利，土人都盡受蒼天厚待！

所島的大海和土地，仍保有原始的天然特色，未經破壞和污染。

每次我去京城，總在機場遇見澳洲和紐西蘭的男女遊客，駄著沉重的背包，轉機換站，千里跋涉前來度假。紐、澳同樣是四面環海的國度，旅客捨近而就遠，我想理由只有一個：在所島可享有更新鮮的空氣！

如果「瓶裝空氣」真的演成事實，變成一種出口商品，那麼，文明城市的繁榮已淪為悲涼的隱喻了。

此情此景，不免要羨慕身在文明邊緣的所島土人。他們自得其樂，歲歲月月沉埋在大自然的綠色天地裡！

2001年1月寫於望古奴島

碧海藍天，槳聲舟影

工餘之暇，閒來無事，在所羅門群島的最好去處是散步海岸，吹海風、望海潮，一天工作的疲困便消逝無蹤，朝氣重現。

在望古奴島上生活幾年了，我習慣於這樣過日子。

某日傍晚，我在踟躕間，一隻獨木舟向我蕩過來，想是要在這方向靠岸。愈蕩愈近，看清楚時不禁令我驚異，掌舟的竟是兩個稚齡女娃，稍大的左一槳右一槳輕鬆又熟練地划著。舟子在她手中木槳的控制下安詳而平穩。

一靠近，我禁不住欣喜地向她們鼓掌，表示我的敬意。

「你划舟多久了？技術這麼棒！」我好奇的問道。

「我今年六歲，四歲時便學會划舟了。」

她臉含羞赧地答，稚氣未泯。接著她又告訴我，坐在舟前的是她的妹妹，才四歲，也懂得划舟了。

身在異鄉，作為一個陌生客，我不只敬佩小小年紀的姊妹身懷划舟的技術，更難得的是她們不懼風浪，敢向茫茫大海挑戰的膽色！

在所羅門群島，只要有炊煙人跡的角落，在湛藍澄潔的海面上，總會見到點點舟影飄蕩搖曳。晴空萬里，白雲如絮，那浮蕩的舟影在無際的縹緲間有如細柔輕飄的柳葉，又彷若畫家筆下的幾滴潑墨，把綠島的山光水色描繪得更添風彩，更具有生命的律動！

▲　造舟是土人傳統的手藝

在先進的文明國度，汽車是代步的工具，出門的必須。所羅門是個群島之國，環境有異，發展緩慢，因缺乏柏油公路，獨木舟無形中成為唯一的交通工具了。

所以，土人似乎全部結廬海灣，依水而居，一是避風，二是少浪，三是方便出門，省腳力。庭前雖無標緻的車子，屋後卻有身輕如葉的扁舟；登上舟子，木槳輕輕一擺，東南西北任由選擇，不必擔心油價問題，也絕無途中塞車那種煩惱，消遙而自在。

所以，土人家有一舟，如有一寶，無不視其為第二生命。出海垂釣，摸海參，撈蝦捉蟹，靠它；找村友，探親戚，不能沒有它。總之，一槳在手，便可以在浩瀚的海波中遨遊無阻了。

獨木舟，你說不是他們生活的良伴嗎？

所幸獨木舟不像汽車，一出手便需幾十萬元。木舟可以伐木自造，只需工夫技巧，無須花錢。

造舟，與木雕藝術一樣，為所國島民的傳統手藝，世代相傳。他們造舟，似乎有與生俱來的天份，也和木雕過程一般，全不用現代化工具。扁斧、木刨，就這麼兩件普通的簡單用具，他們三幾位同伴一起動手，「劈劈啪啪」地不消幾天時間，舟子便

能下水了，建造過程乾脆俐落。當然，這除了天份，還包含了經驗的累積。

用以建造扁舟的舟木，為所羅門熱帶雨林中的特產，賤生易長，葉片又闊又厚，樹幹高聳，外皮灰白，為所羅門政府禁止輸出的木材，專保留供土人造舟之用。舟木的木質其實不算堅硬，唯富有強大的韌性，且浮水性高，絕對是林木中造舟的翹楚。所羅門島民的祖先在蠻荒時期已經懂得以舟木造舟，把舟木當作天然財寶。

在四周環海的島國，除了垂釣，獨木舟用在交通方面的時候尤多。村鄉間定期的市集，土產如蕃薯、木薯、黃梨、香蕉、瓜果等等，運載多靠獨木舟。但是，更意想不到的是，獨木舟居然也是水上的「學生巴士」呢！

有一天，我們夫妻要去首都霍尼亞拉，在乘快艇去機場途中，一幅罕見的景象深深烙入我的記憶，那種山水畫一般的構圖，迄今令我追思不已！

那時是下午一時許，正當我們的快艇乘風破浪之際，前方海面驀然湧現舟影點點，迎面緩緩而來，靠近時我才恍然大悟，舟上三五成群都是學生。原來是放學時刻，村落的學童正輕呼淺笑地划木舟回家。他們背著書包，由一人撐槳，輕輕鬆鬆、平平穩穩地在波光粼粼中友善地向我們點頭致意。他們的舟子都染上色彩，有的淺藍，有的絳紅，二十餘隻木舟頓時把沉寂的海面調得燦爛起來。

在古代，所羅門人用獨木舟出征作戰，侵佔土地，也同時獵取人頭。這種「戰舟」狹而長，足以運載幾十名戰士。戰舟的前後尖

▲ 島民小小年紀已會划舟

翹突起，舟前端還安置一個「烏速烏速」，為土人向敵人挑戰的標誌。「烏速烏速」千萬別買來送朋友，只適合放置家裡作擺設。

　　進入了文明世紀，獵人頭的惡習早已消逝無蹤，體長形扁的戰舟仍在海上飄蕩，但是已形如華人農曆五月端午節裡的龍舟，成為每年一度歡慶佳節供人觀賞的傳統形象了。

　　隨時代的演變，與外界的接觸漸多，安置引擎的快艇與日俱增，然對落後、貧困的所國而言，划槳的木舟不只數量超前，且依舊是土人生活中不可或缺的交通工具。

　　閒來無事，一槳在握，在碧海藍天下，一葉扁舟，緩緩的搖蕩，不但逍遙自在，而且能紓懈精神，心境也頓感平和。

2001年6月5日刊於《南洋商報》

山林綠色的呼喚

　　想到森林原野，難免令人興起慌恐忐忑的感覺，原因是每一處的熱帶雨林，幾乎都成為窩藏鳥獸蟲蛇、豺狼虎豹的天堂。走入荒林如同探險，非刀槍斧戟齊備不可。

　　幾十年從事農業，由橡樹起步到可可和油棕，半生汗馬庸碌、開荒闢野、伐林砍木，有時高山峻嶺，有時深淵低谷，似乎天天都在叢林曠野間迎風淋雨，所面對的各種飛禽走獸，大的如結隊成群的野象，小的如孤獨刁鑽的鼠鹿，還有野豬、山鹿、黑熊、刺猬、猿猴、果狸……或兇猛或溫馴，皆以不同的地點、不同的形象在我耕作的範圍重複奔躍，有的令我心跳，有的令我憐惜，也有的令我追思不已！

　　所以，對鳥獸蟲蛇，早已棄除了陌生感，且磨練過好些應對方法。是故，當自己決意遠征偏僻、詭異又神祕的所羅門群島時，不少親友皆臉露驚恐，以為那一定是個蟲蛇瘴癘氤氳的地方。只有我，一點畏縮的神色也沒有。我只悄悄地準備對飛禽走獸做另一場角力。

　　古人常說，有流水處便有魚。但並非絕對，出乎預料，所羅門群島雖然山多林密、樹高原廣，然而，並不是猛獸窩藏的地方。在這裡，無論多蔭鬱深邃的叢林，我一樣可以毫無顧忌地高歌闊步，走入林間，消受霧散雲聚、風湧嵐逝的悠閒。

在出發之前，真是夢想不到，人間竟有如此澄淨純明的森林原野，讓高智慧的人類優遊獨享。

初臨貴境，開工頭數日，心存戒備，長褲長袖衣，腳上一雙長筒靴。見土人工友赤足跣腳，穿著隨便，甚至有的裸胸露背，頗覺奇怪。在叢林裡墾荒闢野，怎可以不防備蟲蛇呢？問起才知道，並非他們不怕，實際上這裡沒有毒蛇，他們進出山林，向來都是這般形象。偶然間，我才遇見細長如筷子的無毒小青蛇，至於熱帶叢林無處不在的眼鏡蛇、金腰帶、蟒蛇、蝮蛇等，還沒見過蹤影。

耕農最大的敵人，其實不是毒蛇蟲豸，而是震山撼林的走獸，它們摧毀作物，防不勝防，野象、山豬、刺猬、山鼠等四害便夠油棕耕農禿頭脫髮了。驀然回首，憶起過往與猛獸鬥智鬥力的地方，莫如躊躇沙巴州那段時光，一再與同事荷槍追剿侵犯可可的豬群，更曾夜半驚起，燃著火把與龐然大物的野象捉迷藏，在四野無邊的黑夜裡。而最難纏的還是周身掛箭的刺猬，餓極時，尖銳的鋼齒一夜間足以啃掉幾十棵棕苗。

在森林曠野裡耕作，肯定面對莫大的苦惱。因為蓊鬱陰涼的叢林為群獸的天然保護傘，翻山倒樹，無疑動搖它們的家園。身在林間，跨出的每一步，必經過謹慎處理，猛獸蟲蛇隨時在週遭投以覬覦的眼神。

跟隨走獸蟲蛇的行蹤，山蜞、水蛭接踵蠢蠢欲動，以敏捷的嗅覺向血液的軀體延伸。這兩種體軟的陰險傢伙，一藏陸地枯葉底下，一棲溪流沼澤水邊，看似終日沉眠，實則靜待時機，一聽風吹草動，水波盪漾，特別是動物的體味，它們即悄悄地貼黏過去了。它們會

由我們的鞋襪鑽入腳踝，由腳踝攀上身體，毫無預告地向最隱蔽處埋口，腋窩、肚臍、陰囊，凡血肉最脆弱的部位就成為它們攻擊的目標。飽嚼一頓事小，還遺下一枚足夠幾星期又

▲　未遭污染的所島自然環境

痛且癢的痕跡，那顆黑痘回味經年之後，才從記憶中慢慢淡出。

　　對我，這是一種最難消受的刑罰，但已成煙雲飄過。所羅門群島遼闊的蒼林，還有河流、沼澤，不曾出現過山蜞水蛭，和兇猛的禽獸蟲蛇。唯一隱居於叢林裡的，是毛絨絨小熊般可愛的懶猴。說它懶可真一點不假，遇敵人也一步步慢條斯理，不迴避也不逃竄，大有天塌下當被蓋的豪氣。懶猴不但馴順，不傷害農作，也從不嘶叫吶喚，只靜靜地在密林間以嫩葉、野果充饑。由於它沒有銳齒利爪，常常淪為土人的美餐。

　　所羅門是個農耕的好地方，風調雨順，土壤肥沃。蒼茫濃密的林間，除了啾啾鳥語，唧唧蟬鳴，蟲蛇絕跡，猛獸無聲。一到日落西沉，夜幔低垂，深深的原野，只聞林高風響，無邊落木蕭蕭下。沒有日裡水蛭纏腰的煩憂，亦無夜半獸撼的驚慌。

　　當鳥靜蟬眠時刻，在入寢之前，我總愛歇憩廳堂，聆聽山林綠色的呼喚，讓白日耕作的慵悃在沉寂中消融淡化，等待翌日朝露從晨光裡醒來。

生命的奇蹟

——所羅門民族英雄武射傳奇之一

　　一個人頸項被刺數刀，如果仍然活著不死，那一定是生命的奇蹟，值得為他歡呼！

　　一個人被綁在樹上，子彈穿胸，頸項又遭刀刺，結果他能活著不死，簡直更不可思議！

　　所羅門群島就出現這麼一個奇人，他的行跡近乎神話，卻又是事實，不由你不信。

　　他就是雅谷・武射（Jacob Vouza），被譽為所羅門的民族英雄。國家替他塑造的銅像，昂然聳立在京城警察宿舍外。赤膊、跣腳、右手執刀的瘦削身形，對著人車川流不息的沿海大道，雙眸遠眺曾於一九四二年發生激烈海戰的鐵底海峽，彷彿仍在沉思著當年在他耳畔爭吵的炮聲。

　　這個所羅門群島的一代奇人，一八九九年出生於瓜達肯納島的大森布

▲　警察宿舍前的武射塑像

谷（Tasimboko）村，年幼時在教會學校接受普通教育，十六歲時投考並被錄取由英政府管轄（其時所島尚未獨立）的警察隊。服務其間，由於他勤奮、機智，不久便獲得上級的信任和倚重，在警界漸漸闖出了名堂，官陞陸軍上校，成為一名警民愛戴的警官。

二次世界大戰爆發，英政府為了保護所羅門群島，遂組織了一支島民自衛隊，武射也是成員之一。可惜由於反應冷淡，全隊僅得十二人，武射的潛能無從發揮。

讓武射的英勇氣慨揮發得淋灕盡緻的，是當他成為美國情報員的時候。

二次世界大戰之初，日軍以精良優越的配備迅速席捲了亞洲。初時美國尚置身度外，直到珍珠港基地遭受日本「飛虎隊」瘋狂空襲，損失慘重後才如夢初醒，決意駐軍南太平洋。雅谷·武射就是那時被募召，專事巡邏瓜達肯納島沿海，向美軍提供敵人的軍事活動。

有一天，當武射作例常巡視之際，不慎遇上日軍。因為他手上執著一面美國旗，於是當場被捕、拷問，但武射始終不肯洩露機密。

▲ 紀念武射的多款郵票

　　一陣威迫利誘之後，日軍見武射視死如歸，深知難以得逞，遂將他捆於樹上，向他開了一鎗，又在他頸上刺了數刀，血流如注。

　　這時的雅谷・武射無疑是死定了。但是，人世間常有意想不到的奇蹟，而奇蹟就在武射的身上顯現了。

　　日軍慘無人道的殺人手段，世人皆知，南京大屠殺刀下魂竟達數十萬之眾；偏偏刀鎗並用也解決不了一個個子矮小的武射，也許是武射命不該絕。

　　當日軍洋洋得意，帶著笑聲走後，奄奄一息的雅谷・武射竟從昏迷中甦醒，且在無人協助的情況下自行脫綁，回到美軍的營陣。

　　軍醫見了渾身是血、傷痕累累爬著回來的武射，立刻為他治療，被他拒絕了。

　　武射氣若游絲地說：「先讓我報告敵人的行蹤才給我治療！」

　　報完軍情，武射已不省人事。美軍被武射的凜然氣慨深深感動。

　　這宛如一則融合了神祕、詭異的傳奇故事。

　　盡忠報國，是武射一生最大的願望。他常對人說：「小時候的我很頑皮，要家人和國家為我操心，所以長大後決意為國家和人民做點事，當作回饋。」

　　這看來不過是平凡無奇的心願，但武射卻利用自己的性命與鮮血典當以完成！

　　二次世界大戰結束後，武射榮獲美國總司令頒賜「銀星勳章」，一九四三年再度榮獲英政府頒賜「勇士勳章」，表揚武射在政府最艱難時期的忠誠與守責。

所羅門群島脫離英國統治而宣佈獨立，雅谷・武射坐在輪椅上見證了這個歷史性偉大的日子。這天是一九七七年七月七日，武射以貴賓身份受邀出席觀禮。

　　武射病逝於一九八四年，享年八十四歲，死後如願葬於寧靜而遠離京城的加利福尼亞（California）村。

　　國家除了為他鑄造銅像，郵政局也為他印行五款紀念郵票。武射的生平事蹟，也編成了學校教材。

　　一代奇人所獲得的肯定，告訴世人武射的血沒有白流。

2001年7月5日刊於《南洋商報》

第
二
輯
・
面
山
背
海
的
日
子

尋找英雄塚

——所羅門民族英雄武射傳奇之二

▲ 民族英雄武射的墳墓

這一天陽光亮麗，清風送爽。在熱帶雨林氣候的所羅門群島遇上這樣的晴朗時刻，算是好運氣。

我們要去憑弔雅谷·武射。我來所島不久就心儀武射的傳奇事蹟了，但直至去年才知悉這位英雄生前死後都不眷戀繁華盛景，選擇遠離京城、靜寂的加利福尼亞村，作為夫妻長眠之地。

有一次，我們夫婦在霍尼亞拉度假，與一位土族朋友提起這件事，她說她去過加村，樂意做我的嚮導。於是匆匆用完早餐，一同向目的地出發。

車子循著坦蕩筆直的猛達那沿海大道東行，一過國際機場路便凹凹凸凸了。所幸我駕駛的是四輪驅動車Hilux，絕對不會因崎嶇或泥濘而產生障礙。

　　行走了二十公里，夾道的林蔭忽然遮蔽了灼熱似火的驕陽，進入一片已有廿多年花飄果結、招風迎雨的油棕園。而今樹高葉衰，果實疏稀，棕樹顯然已到翻種時期。

　　猜得不錯，又是陽光洩地、一片天藍了。高棕櫚已被清除，新的一代根深葉茂，油光的綠掌向上延伸，似在訴說它們的未來，巨掌足以撩撥空穹遊蕩的雲朵。

　　就在這時，我的臨時嚮導猶豫了，由於物移景遷，她記不起轉入加村的路口。這可真是一件大事。我一看路邊有似在等車的土人，連忙煞車探問，一連問了好幾組路人，都得到相同的答案：不知道。我當然不忘把雅谷‧武射的大名掛在嘴上，但令我懊惱驚訝不已，他們對一代英雄一無所知！

　　國家既為武射塑造了銅像，印發了一系列紀念郵票，卻沒有將這位受人敬仰的民族英雄推銷給旅客，把他長眠之地劃進旅遊手冊，甚至，一路上竟尋不著半截指示加村的路標，令我心生疑惑。

　　土族朋友說可能走過頭了，記憶中加村好像不怎麼遠。於是我把車子回轉，走了一段回頭路，驀地泥徑有部客貨車顛顛蕩蕩駛出來，我即刻伸手攔住，向司機問路。

　　「就是這條小路，走不遠拐個小彎就到了。」

　　踏破鐵鞋無覓處，這回可來得正是時候，我們不禁鬆了一口氣。

　　我照指示把車彎入泥徑，走完翻種油棕芭，又進入不見天日、枯葉蓋地的園林，這回是低矮稠密的可可樹。我把車子的時速調低，因路僅可容車。我小心翼翼地在樹行間穿梭，冀盼不會有車迎面撞來。可可園靜寂無聲，蔭涼可真夠蔭涼了，只是小徑泥濘不堪，要換四輪推動牙檔，車子方可走動。

　　「到了，前面便是加利福尼亞村！」土族朋友歡呼。

　　我一看樹林盡處，果然出現幾間碩莪葉搭建的房子，周遭是疏疏落落、高聳挺拔的熱帶標誌──椰子樹，低矮但茂密的香蕉和木薯。

　　說實在，加村沉靜得有點荒涼，除了這三間房子，鄰近可煙消人紗，前無去路。但令人欣喜的是，屋前屋後遍佈花草，聖誕紅、迎春花、天堂鳥、日日紅、爆竹花，雖屬平常慣見，種得也零亂無序，花朵卻奼紫嫣紅，綻放得玲瓏斑斕。

　　一群赤足裸體的孩童蜂湧過來，以他們的天真與好奇，直盯著我們三個似從天降的稀客。一對五十餘歲的男女將他打發了，這時我才後悔忘了帶糖果來。

　　土族朋友道明來意，我對他們說：「我們夫妻來自馬來西亞，我目前在貴國種植油棕。」

　　「我是武射的妻舅。」男的說完指一指身旁的婦女：「她是我的妻子。」

　　雅谷·武射的墳墓就在他居所側旁，以洋灰水泥築成，約四尺寬，六尺長，高二尺許，墳後立一灰牆，高約四尺，也是水泥所造。整座墳墓以白灰釉得亮晃晃，陽光下灼眼得很。墳與牆之間另設一塊闊尺許的盒狀灰磚，上嵌銅片以英文寫：「雅谷·武射歿於

一九八四年四月十五日，享年八十四歲。」一筆帶過，可真夠乾脆俐落，連他的官銜都一字不提。這與華族彰顯炫耀、標揚功勳，真有天淵之別。

生平事蹟充滿傳奇的一代奇人，逝世時轟動群島，舉國哀悼，他的墳塚則樸實得出奇，也真使人意料不到。

武射逝世後兩年，他心愛的妻子依蓮（Lady Irene）女士在一九八六年五月十八日，也尾隨他安息，享年七十二歲。她安葬於武射的右側，兩墓並排，高低大小一樣。

出生在大森布谷村的武射死後埋葬在這裡，據說是他生前留下的遺願。他從警界退役之後一直與妻子隱居加村。他不愛熱鬧嘈雜，喜歡過寧靜的鄉村日子。

憑弔完畢，武射的妻舅帶我們參觀武射的故居。在加村幾間葉房子之中，武射的那一座顯然耀眼得多，然久歷歲月風雨，看去免不了總有幾分滄桑的韻調。

這是間所羅門傳統的高腳屋，同二、三十年前馬來西亞的馬來鄉村高腳屋相似，門前的梯級以木柱釘成。我們拾級而上，雖然沒有電燈，但室內光線充足，眼睛的每一個落點都一清二楚。紀念性的陳列品不多，最引我注目的莫過於掛在廳堂，武射身穿軍服佩戴勳章的半身照。制服瞪白雪亮，武射瘦削的臉上神態肅穆，深黑的瞳孔洩流著一股信心與堅定；寬隆而略短的鼻樑凸顯了美拉尼亞族的特徵。

從五官外表論相，武射的體型身材，完全不合群島土著魁梧慓悍的標準，但從他被日軍俘虜、刺殺而至自行逃出魔掌的英勇氣

勢，展示了他超凡的體魄與能耐，兼具膽色和機智。日軍因低估了武射這些與生俱來的稟賦，讓武射得以「死而復活」。

牆上另掛一張武射和依蓮的婚照。照片有點褪色了，惟五官容貌仍有跡可尋。以東方人的審美角度，年輕時代的武射和依蓮，與「郎才女貌」四字全然脫節，可貴的是，他們廝守終身，至老不渝。

牆上還貼上一些剪報，有些是複印的，都是武射的生平事略或他榮獲勳章的簡介文字。廳堂一角也擺放著一些武射生前使用的紙筆、用器、餐具等遺物。

就一個對國家和人民有過不凡貢獻的人物而言，政府沒有把他的墓地加以美化，作為遊客觀光景點，我覺得，這是國家的一大損失。

當離開具有歷史痕跡卻遭長期冷落的村莊時，突然間，我心胸湧現一股莫明的悸動，是感嘆，也是追思。

2001年7月19日刊於《南洋商報》

所羅門群島的搖籃曲

——島國獨立後第一本文學作品

　　有一天，我在霍尼亞拉的書店找文具，無意中發現了一本所羅門群島的童謠「催眠曲」。這本印刷粗糙，只有二十四頁的兒歌，售價不便宜，但卻深深地吸引了我。

　　這本書名《寶魯寶魯》（Poru Poru）的童謠，註明是「所羅門群島的催眠曲」（Solomon Islands Iullabies）。但既是童謠，我覺得把「催眠曲」譯作「搖籃曲」更加直接和貼切，因為「催眠曲」的空間遼闊，不只限於兒童，成人也有「催眠曲」，而搖籃曲只有母親才唱，聽眾永遠只有兒童。

　　　睡吧，睡吧！
　　　靜靜地睡吧，
　　　你的頭搖上搖下，
　　　你的腳在踢，手在擺，
　　　你睡得安靜嗎？
　　　是的，睡得安靜。

　　　　　　　——〈搖籃曲〉

　　這首直接題作〈搖籃曲〉的催眠歌，為所羅門西部「基拉」
（Gela）語唱出的。母親在哄寶寶睡覺時，經常把他摟在臂彎裡輕
輕搖上搖下，因此有你的頭搖上搖下，你的腳在踢、手在擺之句。
最末一句可由母親或寶寶唱出。

　　另一首也是西部的著名催眠童謠，由「羅維那」（Roviana）
語唱出的〈巨人的花園〉：

　　　　巨人的花園，
　　　　在那高高的山頂上，
　　　　他從那兒向下望，
　　　　尋找戲弄別人的孩子。

　　　　巨人有一把長刀，
　　　　他經常帶在身邊，
　　　　找到戲弄別人的孩子，
　　　　打他然後裝進袋裡。

▲　搖籃曲《寶魯寶魯》的對面

在西省的羅威那區，這首〈巨人的花園〉流傳廣泛，母親們唱這首童謠，利用巨人來嚇唬頑皮的孩子，以哄他們入睡。

＊　　　＊　　　＊

搖籃曲或童謠，我想應該是人類最早的一種文學形式，更確定一點說是詩歌的起源。當我們的祖先還未發明文字以前，這種歌謠早已在民間流傳。寶寶臨睡前，母親一邊搖一邊唱，是溫馨的母愛底真清流露。

所羅門群島人口稀少，卻分佈在九百多個島嶼之間，形成隔離，所以造成語言繁多——有一百多種土語。所羅門島民本身沒有文字，官方用語是英語和英文，但島民所共用的語言是英土夾雜的Pijin語。

這本只有二十首搖籃曲的《寶魯寶魯》，感覺上無疑單薄，但對編輯此書的「所羅門婦女寫作人協會」來說，卻是一項巨大的工程，因為一來交通不便，二來語言繁複。然而這個由十二名婦女組成的團體，自出席第一屆「南太平洋大學所羅門群島中心」（University of South Pacific,Soloman Islands Centre）會議之後，馬上展開搜集搖籃曲的行動。會議在一九八〇年七月十四日舉行，到了九月二十四日第二次會議的時候，收集工作已完成，二十首由不同地區不同語言組成的搖籃曲破土而出，並由工委會作家譯成英語，用羅馬化土語及英語兩種語文編寫，由澳洲文化基金資助，在一九八〇年出版。

　　這本《寶魯寶魯》不只是該協會出版的首本文學作品，也是群島一九七七年獨立後的第一本文學作品，深具歷史意義。兒童是人類的未來，搖籃曲是文學的最初形式，所以婦女協會甄選，應是經過深思熟慮的。

　　重複閱讀了幾遍《寶魯寶魯》，我發現有一半歌謠主題內容都採取「嚇唬」孩子以達到催眠目的，例如以下這首母子對唱的〈去睡吧，我的孩子〉就凸顯了這種傾向。

　　　母親：去睡吧！我的孩子不要哭泣，不然船兒要來把你
　　　　　　載走。
　　　孩子：有誰在船上？
　　　母親：迪里船長！
　　　孩子：啊！他現在航向哪裡？
　　　母親：他正航向蛇島！

　　很顯然，母親通過陌生的船長、恐怖的蛇島，來哄孩子快快閉上眼睛睡覺。上文提過的〈巨人的花園〉整首歌謠都彌漫這種情調——巨人、長刀、袋子，都會令孩子感到惶恐。這看來有點不健康，但是出於無奈，也可是一種自然的趨向，因為在周遭森林密佈的環境裡，母親們不希望孩子四處亂跑而迷失，因此唱起催眠曲的時候，很自然地搬用這些可令孩子心生害怕的「角色」。其他各篇，有大眼貓頭鷹、長嘴犀鳥、藏魔的椰殼（土人的一種迷信）、帶彈的飛機等。

我也發現，群島的搖籃曲也和華語的許多童謠一樣，具有語言淺白、想像力豐富的特性，念唱起來朗朗上口，音韻和諧。很可惜，原有的特性與優點，不易透過翻譯傳達或表現。馬來塔島「阿里克里」（Are're）語的這首〈果實熟了〉最能表達我的看法：

　　　　Verimake,

　　　　E teke hoi ote,

　　　　Toi torina hote,

　　　　Mamanu i Arite.

英文的譯文是這樣：

　　　　Ripe fruit,

　　　　Fallen in the valley deep,

　　　　It goes on floating,

　　　　Floating to the island of Arite.

我從英語試譯成中文：

　　　　果實熟了，

　　　　跌在深深的谷地，

　　　　它繼續浮走，

　　　　浮出一個島叫阿里笛。

　　果實熟了落在山谷，飄到海上變成一個阿里笛島，意象鮮明而想像力豐富，同時四個尾韻ke、te，唱起來和諧有如天籟，一旦譯成其他語文，就消失了原有的韻致，這是很無奈的事。如有翻譯高手，或許可能解決這個難題。

2001年11月28日刊於《南洋商報》

把和平列車開入詩壇

——幸會所羅門著名女詩人朱莉‧麥金妮

「所羅門群島的寫作人大約有三十名，寫詩的最多，其次是散文，小說的作者最少，戲劇和評論似乎等於零。」

第一次會面，所羅門著名女詩人朱莉‧麥金妮這樣告訴我。這種情況和馬來西亞一樣，詩的魅力有如美女，被眾作家長期間追求，值得高興。

我與朱莉有兩面之緣，第一次是在一九九八年聖誕來臨前一個月，我和內人到基索遊玩；第二次是個意外，我們不期而遇，各自代表不同的陣營而形同「敵人」。

有西方大煙窗之稱的基索，是西省的省會，也是潛水垂釣的天堂，實際上它不過是個如同鄉村的小鎮而已，走路只需半個下午便把它的容貌全攬心底了。晚餐過後，沒有其他去處，想起這裡有位女詩人朱莉‧麥金妮，遂拿起電話嘗試與她聯絡。

電話接通了，給我第一個驚喜是，接聽筒的竟然是朱莉；第二個驚喜是，她乾脆俐落，答應來基索旅店的餐廳與我會面。對我，可真是個天大而難逢的喜訊。

「不過，請你稍等，我從山頂走下去，大概要二十分鐘。」

　　我叫了一杯啤酒，邊喝邊等，果然不到半小時，一位土籍女人推門進來，她環顧了一下四周，逕自向我走來——餐廳的顧客稀稀落落，而且只有我一個外國人，當然不會找錯人啦！

　　朱莉‧麥金妮身穿一襲白花黑底的長裙，腳上趿一雙日本涼鞋，但令我訝異的不是女詩人的衣裝，而是高佻瘦削的身材，簡直可以用仙風道骨來形容。這與我看慣的體型臃腫的所羅門婦女，真有天壤之別。

　　她坐定之後，我們天南地北一番，接著才進入主題談到文學。我發現，朱莉雖然才學廣博，閱歷豐富，但談吐謙虛，有問必答。她事先知道我也是文學愛好者，隨身帶來了兩本她已出版的詩集，簽名後送給我，一本是《文明少女》（Civilized Girl），另一本是《祈禱的父母》（Praying Parents）。前者在一九八一年出版，只有二十首短詩，曾再版兩次，足見此詩甚受歡迎；第二本出版於一九八六年，署名朱莉‧施寶露（Jully Sipolo），共收集了長短不一的詩作三十六首，全書也不過三十三面，從分量來說，也是極其單薄的。

▲　冰谷與女詩人朱莉，左邊為公關

一九五三年二月六日，朱莉・麥金妮（Jully Makini）出生於基索。這位目前已育有六個孩子的詩人，除了管理家務，還要工作，但仍然創作不輟。她說她的另一本詩集《潮濕的夢》（Wet Dream）已在籌備出版中。我正為她高興，她卻又告訴我，一般上所羅門的書籍出版十分困難，除了自費，不然靠「南太平洋藝術創作學會」（會址在斐濟首都蘇瓦）、「澳洲文化基金會」和「南太平洋大學所羅門群島中心」幾個文化機構資助出版，要很有耐心去等待，因為這些機構的基金都有限，申請出版書的作者也不少，需要排隊。

　　基索雖然是朱莉的故鄉，但她卻在首都霍尼亞拉接受教育，並且在首都渡過大部份的日子。朱莉在Woodford School小學畢業後，就進入 King Geoge VI中學就讀，她在斐濟南太平洋大學完成大學教育，並且獲得全額獎學金，在夏威夷大學攻讀一項「旅遊與寫作」課程。無疑地，這項課程給她日後的詩歌創作鋪平了道路。

　　朱莉・麥金妮曾在許多機構和政府部門擔任重職，包括政府訓練中心、霍尼亞拉市議會、婦女協會、銀行、南太平洋中心編輯。朱莉同時也是所羅門世界和平組織會員，曾隨團出席在捷克首都布拉格、澳洲悉尼、菲律賓馬尼拉等地舉行的國際和平會議。

　　這些經歷和體驗，後來都成為她創作的泉源和寫詩的題材，如出現在《祈禱的父母》詩集裡的名作〈和平列車〉（Peace Train）、〈核子廢料〉（Nuclear Waste），以及〈和平〉（Peace）等，都是這方面的經驗思考。我們看看朱莉的這首〈和平列車〉：

和平列車

輾下深深的軌跡

載著一群和平使者

奔向大平之旅

他們來自天涯海角

國籍不同，膚色和信仰各異

但融洽地團結一體

從莫斯科到布拉格

他們談論相同的課題

澳洲人、紐西蘭人、土耳其人、東方人

俄羅斯人、美國人、全在此聚集

唯中國人缺席

像一條怒吼的龍

把政治思想擺在一旁

奔向布拉格！

奔向和平會議！

—— （冰谷譯）

　　所以，當談及詩的取材問題，朱莉坦白強調：「我的詩是很政治化的！」從她已出版的兩本詩集來看，她的詩章內容確有這種傾向。

朱莉目前在基索的世界野生動物基金會服務，而我卻天天伐林砍木，種植油棕，因此第二次我們不期而遇的時候，彼此因職責而形成對立，顯得有點尷尬。

　　幸好在這個特殊的聚會上，朱莉和我都沒有發言。

　　這是一個由農業兼漁業部長所召開的群眾聚會，主要目的是讓政府向人民闡釋發展棕油給國家及人民所帶來的利益和影響。那是一九九九年的十月天，地點在瑟凱，距離我和朱莉第一次見面恰好是一年。

　　正當農長忙於應付各方面炮彈如雨的問題時，我發現朱莉也在人群中，不知道她是幾時來的。為了表示禮貌，我們互相點點頭，揮了揮手，然後就靜聽各機構代表發言。到了下午散會的時候，我們才有機會互相問候。

　　「真不好意思！」她笑了笑說。

　　「現在我們不談正事！」我也報以一笑，「我還沒收到你的《潮濕的夢》呢！」

　　「書稿早就打好了，還沒有找到出版的贊助單位。」朱莉攤一攤手，露出一臉的無奈，接著自我調侃：「看來《潮濕的夢》真的潮濕了。」

　　再一次見到的女詩人，依然是那麼地樸實謙卑、彬彬有禮，腳上也還是那一雙日本涼鞋。

　　朱莉的詩，取材除了她所謂的政治性之外，她也經常以婦女的微觀角度去剖析或解釋有關男女間的各種問題，如《文明少女》所收錄的〈不能滿足〉、〈妹妹的哭訴〉、〈一個男人的世界〉、

〈婚姻〉、〈誓盟〉、〈沒有孩子〉、〈文明少女〉等。而在第二本詩集《祈禱中的父母》中有關這方面的題材出現更多，刻劃得也更為深入。

筆者十分喜愛朱莉的小詩，短短數行，卻往往讓讀者深思不已，如下面這首出現在《文明少女》的〈婚姻〉：

婚姻是什麼

不過一張薄紙

隨時可以撕毀

上帝與男人之前許下的盟約

可以反悔

一枚沒有嵌好的金戒

可以拋棄

當愛情逐漸冷卻

　　　　—— （冰谷譯）

這首短詩，最能反映這位女詩人的風格。

2001年12月12日刊於《南洋商報》

鐵底海峽的歷史傷痕

　　初臨島國京城時，對「鐵底海峽」這個名字，頗覺詭譎，從字面測之，知悉名字的由來，必有一段刺人心扉的傷痕。

　　公司的職員宿舍在鵝西嶺，從市區來回宿舍必須途經沿海而建的猛達那大道，在將近轉入鵝西嶺的靠海路旁，有一間旅店叫「鐵底海峽旅店」。就是這旅店斗大的招牌，讓我一到霍尼亞拉，便把鐵底海峽這名字牢牢扣在心頭。但「鐵底」含蘊的深意，還是一個解不開的謎。

　　直到半年後，這個謎底才揭開。

　　這一天，我從山寨出來京城，恰好是一個爽朗的星期天，沒有辦公。同事帶我參觀美國和平紀念碑，我才領悟了鐵底海峽的歷史意義。

　　這個耗費了一百五十萬元所幣（約等於三十五萬美元），建在天宮嶺（Skyline Ridge）的歷史性建築，是一九九二年，即和平五十週年紀念，瓜達肯納島的一項大工程。這些在陽光下閃爍耀眼的朱砂色碑牆，除了刻上英文說明「此紀念碑由美國建造」的主碑高約三十尺外，其餘的碑牆高度齊整卻作縱橫排列，以白色字跡刻上所有在二次世界大戰沉沒於岸外的軍艦、戰機以及戰役中罹難者的名字。

▲　美國和平紀念碑

　　捐軀的人數難以點數，就沉沒於海底而無法重現天日的軍艦
和戰機數目，已令人驚訝不已——美國二十八艘，日本十六艘，
澳洲、紐西蘭各一艘，單以這些折損的數字，便可窺視當年瓜達
肯納島之役（The Battle of Guadalcanal），確是一場慘絕人寰、驚
天動地的浴血戰。這些花費數千億元製造多年始完工的軍備，在短
短的半年之間（此役於一九四二年八月七日爆發，一九四三年二月
九日結束）變作海底廢鐵。兵燹戰火之殘酷無情，真是人為的人間
慘劇，人性醜惡的一面暴露無遺。此外，在國際機場，在那蘭地路
上，在瑪地卡馬雕藝廊，都留下多台高射炮和多架戰機的殘骸，這
些都是悲慘的歷史見證。

瓜島之役，不但是一場盟軍與日本在南太平洋的主力戰，也是二次世界大戰正邪的存亡之役。從軍備折損的數目衡量，盟軍看似損失慘重，但卻瓦解了日軍繼續南下太平洋的勢力。所以，這場海戰無疑是一個重大的轉折點，奠定了盟軍後來的勝利基礎。

　　猶記得兩年前，一家電影公司根據James Jone的歷史小說「The Thin Red Line」拍攝了一部戰爭片，因為小說是依瓜島之役的史實寫成，電影公司特地拉團隊到瓜島拍攝，鐵底海峽也在影片中出現。

　　那天，我站在縱橫交錯的碑前，閱覽碑上密密麻麻的文字，像在翻閱一頁頁有關戰爭的史書，朱砂色的碑牆彷彿戰士犧牲剎那的斑斑血跡，也依稀有槍炮聲穿牆而出，射向我隱隱作痛的胸膛……。

　　歷史上這一場浩劫的傷痛，一幌便過去六十年了，但是，沉沒在海底四十餘艘軍艦和戰機的殘骸，看似平靜無波，事實上卻埋藏著另一個嚴重的危機，而且爆發在即。那些軍艦戰機的儲油庫，經過鹹水長期不斷的衝激、腐蝕，已瀕臨破裂的危險。一旦洩漏，不只污染鐵底海峽，還會影響到整個南太平洋海域的自然生態，因為軍艦的儲油量非常大。根據一項調查，離開京城數海里的一艘美國沉艦，它的儲油庫容量就超越一千公噸，深信有的沉艦的油庫容量可能更大。

　　所島的鄰國瓦努阿圖，曾經聘請打撈公司做過吸油的工程，把海底沉艦的柴油抽出，發現燃油還鮮潔可用。唯打撈工程耗資昂貴，技術專業；何況沉艦還存積了不少炮彈、魚雷等等高度危險爆炸物，無形中添加了工程的難度。

　　所羅門政府十分關注，同時也十分擔憂鐵底海峽沉艦洩油的問題，曾要求聯合國援助，但幾年過去了，依然沒有答案。

　　三年又八個月的戰爭，夢魘一般結束了，然而深藏在鐵底海峽的四十多艘鋼鐵亡魂，依然在混茫裡，隨潮汐日夜呼喚著歷史的愴痛！

　　每當我走出宿舍，在晨光微曦中步上鵝西嶺的頂點，向東瞭望，鐵底海峽的面貌一覽無遺。這時刻，往往風清浪平，海面一片蔚藍色的溫柔，可誰也無法想像，寧靜底柔波下竟然暗藏機關，危機四伏。

　　一場人間慘劇落幕，另一個惡夢於時間的鐘擺下即將登場。

　　所有的歷史都是戰爭，所有的戰爭必留下無法撫平的傷痕，鐵底海峽名字的來源是歷史的隱喻。我終於體悟，深深的體悟。

　　　　　　　　　　　　　2001年12月19日刊於《南洋商報》

林似盆景岸似畫

　　無意中發現了這片「盆景」，我像掉進了一個天然的絕美景地，一個走進去而不想出來的世外桃源。一切得細說從頭：

　　所羅門群島是個人口稀少的國家，無論陸地或海洋，還保留著原始的天然風貌，未受破壞和污染，所以吸引了許多外國遊客，成為垂釣與潛水的天堂。

　　對這樣旖旎多彩的自然美景，任誰看了也不禁深深嚮往，怦然心動。我雖一不會潛水，二不善垂釣，但閒暇的時刻，也不放過擁抱青山綠水尋找歡樂。

　　那是一個星期天，乘假期之便，我約同事到山寨對面的椰子島去放縱竟日。這個島很近，汽艇只滑了十五分鐘便到了。所島的海岸，幾乎都是珊瑚礁所佔據，我們好不容易才找到一片沙灘停泊，把食物安置好，然後搭起簡單的帳棚，以防這一帶驟然掩至的陣雨。

　　一切準備妥當後，釣魚、游泳、捉螃蟹、採椰子、挖貝殼，任憑興趣安排活動。

　　我手拿鐵鑿，帶著船夫三個稚齡的孩子，一起去找毛貝——不，是他們帶著我才對，他們熟悉這裡的環境。

　　椰子島是個狹長的珊瑚礁，斜對面是我們紮營的望古奴島，它像一座綠色的長堤，終年用它堅巨的臂膀替我們的山寨化解掉無數

風風浪浪。因為東面是一望無際的南太平洋,煙波浩瀚,日夜潮汐洶湧,濤聲不絕。尤其是萬籟俱寂的夜裡,嘩嘩的怒吼聲,在山寨也清晰可聞。

我們越過高聳的椰樹和紅樹林的沼澤地,頓時感到清風拂面,展現眼前的是湛藍的天海一色了。波瀾起伏的浪潮一層層從遠處捲來,到了邊岸衝勢未減,遂激盪成瀑布一般的水帘,一浪接一浪,無比壯觀,那不是東坡居士所謂的「捲起千堆雪」嗎?

我穿著涼鞋,小心翼翼地沿著海浪與石礁相擁的曲線走著。根據孩子們的經驗,只有海浪衝擊的礁石才是毛貝聚集的溫床。船夫的三個寶貝,年紀還不足十歲,但談到釣魚拾貝,經驗可比我老到。他們雖赤足跣腳,走在被海浪腐蝕得岣嶙尖銳的珊瑚礁,舉步比我穿涼鞋還快速輕盈。我不禁驚嘆上蒼的仁慈,在落後與貧窮的縫隙間,永遠留下一條路安撫弱者!

大海擁有無盡的寶藏,毛貝是其中之一,用於煲湯,味如鮑魚。它們黏在礁石底下,需以鐵鑿或銳器才可挖出來。小孩子眼明手快,辨認力強,我們四人約莫沿海岸搜索了一小時,我手中的膠袋已經沉重得不得了。於是我提議到岸上的樹林裡歇憩。

這一片綠林,沿著巖岸斷斷續續一直延伸,遠遠望去,彷彿是蒼翠的松林;走近的時候才發現,原來不是松樹,而是從礁石縫中茁長的植物,一叢叢頑強不倔的生命!

船夫的孩子精力顛沛,體能源源不盡,在盆景一般的林間竄進鑽出,十足夜間養精蓄銳而清晨出來覓食的松鼠一般活躍。而我,面對這片叢林,眼睛頓時一亮,心裡不禁產生了千萬個驚嘆號!雖然我

▲　海岸綠色的天然盆景

無法說出這些樹的名字，但定眼一探，便可分辨出有兩類：一種枝幹較高，葉細而尖，有點像松樹；另一種枝椏低伏成匍匐狀，葉細圓如綠豆榕，如同一棵棵幾經修剪而強加扭曲的盆栽。尤其是蒼老而幾經歲月衝擊的一群，半邊樹根已經腐朽，另半邊依然倔強地從容呼吸大地的精髓，持撐著一叢看似紊亂，實則井然有序的綠髮。

　　我注意這些林木的根群，都是由礁石作起點，而後像八爪魚一般向四處延伸的。礁石粗糙凹凸的外型，正好讓根鬚易於糾纏，像壁虎的腳，吸盤一般牢牢搭穩。那種力道，不可小覷。我想拔一棵小樹回山寨栽培，但是樹折而根不起，真是一種不可理喻的神奇吸引力。要想把這些「盆景」移回庭園培養，除非連沉重的礁石一起運走！

　　我邊走邊看，也像三個小孩一般在林間盤桓穿梭，欣賞每一棵高矮各異，形體不同，因環境氣候所塑造的奇異生命。沒有沃土供

養的根鬚，必須更堅韌地牢牢緊扣礁石，以撐起一叢盈盈的綠意，同時從石縫中爭取有限的營養，以供生長。所以，在這多風的岸邊，在珊瑚礁佈陣的港灣，這些被扭曲壓縮成「盆景」的植物，無疑是自然界一項千錘百煉的大工程。

這樣思潮揣飛的時候，先前那種想將綠景搬回庭園栽培的衝動，剎那間煙消霧散了。這些綠樹迎風招展的姿彩，在太陽底下鋪陳嬌豔，該屬天地共同擁有的資產，讓它們成為所有人類的焦點，所有畫家描摹的對象。即使它們比裝扮過的盆景更顯風騷，更具吸引力，搬入私家庭院據為己有是自私行徑，而將自然生命扭曲、壓縮，只是為了讓視覺獲得更大的滿足感，倒不如任它們在自然的惡劣環境中，隨濤聲浪影繼續繁衍！

這一片如詩如畫的風景，令我驚嘆再三。多年來生活在營寨，那景觀一直在我的心間迴旋。

2002年3月11日刊於《南洋商報》

貌醜味美的椰子蟹

頭部像鼓氣挺腰的眼鏡蛇，螃蟹一般的螯腿，腹部圓圓如大蜘蛛，這樣的一隻「怪物」出現在你面前，一定令你退避三舍，心驚膽顫！

其實，這是所羅門群島的特產，食客心中的最愛，肉滑味美的海產——椰子蟹（coconut crab）。這種土人叫Kasusu，而學名是Birgusiatro的椰子蟹，在所島普通到連兒童都知道，那是味美難得的桌上佳餚。除了所羅門群島有豐富的產量，椰子蟹也在南太平洋的其他群島如新畿內亞、瓦努阿圖、新喀利多尼亞、薩摩亞等國出現。

▲ 攀上樑柱的椰子蟹

在霍尼亞拉的華人餐館，通常都有兩種螃蟹上桌，一種是馬來西亞也可以吃到的螃蟹，這裡稱為泥螃蟹（Mud crab），上桌的每隻一公斤左右；另一種是椰子蟹，烹煮法與泥螃蟹無異，清蒸或炒薑蔥，同樣令你垂涎三尺。

　　也許是有口福，我到霍尼亞拉的第一晚，巧遇商家宴請公司職員。到椰子蟹上桌的時候，總經理特別向我介紹，只見盆中敲碎的佳餚，螯腿像足螃蟹，但頭腹部分頗為怪異，因為是刀斧下的碎屍，我無法想像還原後它的樣貌。

　　結帳的時候，我一看椰子蟹的條目，赫然是一百五十所幣（等於二十一美元），當時我以為椰子蟹是稀有之物。幾天後我在山寨裡，見到一個土人提一袋螃蟹來伙食部兜賣，全都是椰子蟹，大隻的每隻才要十元，這時我才知道椰子蟹的原來身價，雖是海中珍品，可並不是那麼顯貴稀有。

　　就在這時候，我才看清椰子蟹的真面目，我尤其注意的是它們兩肢有如鐵鉗一般的巨螯，左大右小，那不單是它們護身殺敵的雙剪，更是攀高與剝椰的武器。一袋巨蟹有整十隻，一次烹煮吃不完，剩下的縛螯束袋放置牆邊。翌日清晨發現有幾隻竟然突圍而出，而且攀上了樑柱「噓噓」噴氣。看見牠們那力拔椰皮刺破椰殼的雄姿，威風凜凜，我早心生寒意，何況那兩肢「利剪」一張一合，彷彿在向我這個陌生客耀武揚威，我豈敢輕易向牠們動手，唯有請土人將牠們一一收拾。

　　椰子蟹的螯臂，臂力驚人，有能力開椰殼，當然有足夠的能力剪斷我們的手指。根據研究，椰子蟹的大螯用以開椰碎物，小螯取物進食，理由是伸縮方便。至於有傳說椰子蟹爬樹採椰子，甚至抱著椰子攀登椰樹，那不過是土人的「傳奇故事」，帶有誇張成份。

　　和泥蟹一樣，椰子蟹最鮮美油滑而多肉的部份，就是那兩支巨螯，但也有食客持不同意見，最欣賞牠的腹部，認為那才是整隻椰

子蟹的精髓。所以一上桌，有人把整個蜘蛛肚子一般的部份挾走，用刀子割破，把腹內的油脂掏進飯碗，和飯攪勻，其他的菜餚都不必了，因為椰子蟹所吃的椰肉，進到腹部，經過消化作用，依然含有淡淡的椰油香。假如你喜歡椰漿咖哩，最好選椰子蟹的腹部，包你吃得舔手指。

椰子蟹屬雖海產，但牠們大部份時間生活在陸地，藏在自己挖掘的泥洞裡。這些泥沙洞穴，縱橫交錯，深深淺淺，忽而露出土面，忽而潛入樹根，有如法家擺下的八卦迷魂陣，令人難以捉摸。但是，有經驗的土人卻有辦法，他們用一根樹枝，沿洞穴東插插，西插插，用耳傾聽，就知道椰子蟹的行蹤。看似簡單，實際上怕要累積很多經驗，真是一物制一物。

捕捉椰子蟹另有一種較簡單的方法：把椰子剝成兩瓣，連殼一起釘穩在木柱上，插在椰子蟹經常出沒的海岸，晚間當牠們出來覓食，看見鮮嫩雪白的椰肉，以為是天下掉下來的美食，拼命抓住不放，於是變成甕中之鱉，任由捆綁了。

▲　椰子蟹的螯臂粗壯，力大無比

　　椰子蟹生活在陸地上，卻在海中繁殖——產卵。一隻母蟹每次產卵逾百萬顆，唯在複雜孵化的過程中，幼蟹在波浪間漂漂浮浮，常遭魚類吞噬或怒潮捲走，有能力和機會游回岸上繼續成長的為數甚微。另外，椰子蟹的成長異常緩慢，一隻椰手蟹需要經過五十年漫長的日子才長達一公斤重。所以，若要商業化培養，很難達致經濟要求，人生也只有一個五十年！

　　幾年前，政府為了增加國稅和滿足國外食客要求，允許成長的椰子蟹出口，那時由京城空運到澳洲布里斯本轉口的椰子蟹，每月多達十餘公噸，主要市場是台灣和香港。後來漁業部發覺椰子蟹的數量急速下降，恐怕有一天會因此而絕滅，目前已經停發輸出准證，令不少對椰子蟹情有獨鍾的食客垂涎興嘆！

　　所島是個落後又貧窮的國家，但對天然資源的保護措施，卻比很多先進國家堅持。禁止椰子蟹的輸出具有遠見，值得嘉許！

2002年3月20日刊於《南洋商報》

風雨荒村夜

　　從啟航開始，本迪卡羅村（Bunikalo Village）是客輪的第一個據點。

　　我稱之據點，而不叫碼頭，因為碼頭必須有起碼的設備，譬如遮風避雨的建築，方便旅客上下的台階，還有夜間照明的燈火。而這一切，本迪卡羅都缺乏。但是，她始終是這一帶島民乘客出入必經之地，也是糧食用品吞吐的渡口。

　　晚上八點鐘，我和土人公關離開山寨，向本迪卡羅前進，準備乘客輪到州府基索去辦事。本迪卡羅距離山寨不算遠，乘汽艇半小時就到了。只是今晚無星無月，大地一片漆黑，還下著毛毛細雨。海是墨色的，山也是墨色的，汽艇在山海一色的茫然裡，缺乏星月和照明燈的指示，卻能安然待命，接風撥浪。舵手除了對周遭環境瞭若指掌，加上豐富駕駛經驗之外，我想不到快艇能在天地昏沉，島嶼星羅密佈的海上穩定航行的理由。

　　多年來，我進出一向乘飛機，未曾涉足本迪卡羅，心中一直以為她是個有基本設施的碼頭，想不到竟讓我大失所望——她連一片供上岸的完整踏板也沒有。

　　汽艇靠岸了，只有幾點燈火自近處的村屋間飄出，證明這一帶人煙寥落，住戶屈指可數。所幸土人公關經驗老到，隨身

攜帶了一支手電筒，我們就全靠它的眼睛帶路，戰戰兢兢地登上了陸地。

腳才踏岸，突聞狂風呼呼，空穹烏雲密佈，這是大雨壓境的預告。正在不知所措之際，遇到一位工友，他帶領我們到一幢興建中的房宅藏身。房子相當寬大，鋅板屋頂蓋好了，只欠室內尚未完工，正合躲風避雨。

我剛放下手中行李，忽然有一群婦女也急惶惶地闖進來，原來是兜賣土產食品的臨時小販。她們一手提著籃筐，另一隻手攜著風燈，你擠我擁的把草席鋪在地上，用繩子把風燈吊高，為黝黑的房子掀開了薄弱的光源，讓彼此可以解讀對方模糊的身影。

茫茫荒野，呼呼海風，我和土人公關也找個角落歇息。尚未御下手中行囊，傾盆大雨就嘩啦啦報到了。氣溫急速下降，一向畏寒的我，忙翻出夾克穿上。先前喧吵的那班小販婦女，這時已趨於平靜，橫七直八的席地而臥，對我們兩個大男人，毫無避忌，態度自然，這是所島土人的一貫作風。

隨著客輪到岸時間逐漸迫近，因無情風雨而擁擠進來躲避的乘客也愈來愈多，使原本接近鴉雀無聲的房子又重新沸騰起來。然而，屋外除了繼續多時的風呼雨喚，還有潮汐的咆哮洶湧，輪船尚未顯示絲毫消息——或許它此刻也面臨風雨和海浪的阻撓，在浩瀚渺茫的海上掙扎，無法兌現與時間簽下的盟約。從土人搭客的交談中，知悉輪船經常誤時，聽後心中不禁產生了幾分焦慮。

從事農耕數十載，一向慣於早睡早起，此刻已過了我平日就寢時間，難禁綿綿的睡意，看看窗口間架著幾片木板，正好足夠容納

我瘦削的身型，於是爬了上去，以一塊方木為枕，如此就將兩百六十餘根骨頭平鋪下去。近十年來，因三餐而四處漂泊流離，早慣於隨遇而安，所以無需舒適寬敞的臥室，也不必溫暖服貼的床被，頭枕粗木背靠硬板，流落在荒原僻野的一間雜亂空屋裡，竟也賓至如歸，不消片刻，便與土人一起呼嚕呼嚕的夢會周公了。

當從矇矓中甦醒，已是午夜時分，可是，輪船的影子依舊渺茫。這時候，風聲和雨聲更急更響，不眠的夜潮也還在嘩啦啦地敲擊崖岸。「船遲偏遇對頭風」，可是焦慮之餘，這情景任何趕路的旅客都難免心急如焚，想一嚐海上處女航的我豈能置身度外！別無他法，「等」是我們唯一的選擇——不能像在文明和交通繁忙的國度，錯過了火車還可以選擇巴士，巴士過了還有計程車恭候你。

更深夜長、風寒雨急，縷縷的不安竟把我的睡神驅走。如此情景，最適宜是挑燈夜讀，但面對風裡搖幌不停且熒熒如豆的燈光，使臨行前塞進行囊裡的書本失去展顏的機會。唯有起身，從木板跳下，在建築材料零亂的房子裡踱步。這時，有些乘客也甦醒了，正在一面聲聲埋怨長命的風雨，一面胡猜輪船的遲因。

一分一秒不停跳動的時鐘，似乎走得特別緩慢。看看腕錶，已經是凌晨四點，足足長等了八小時，飢寒交逼事小，還得強忍成群結隊蚊吶的不斷轟炸和騷擾。想起所島依然是虐疾的繁殖地，心中不禁又是懊惱又是擔憂。放棄舒適快捷的飛機而改乘飄浮搖蕩的輪船，只是出於一時的好奇，和貪戀島嶼間各處詭譎的奇風異俗、旖情旎景，沒想精神上卻需承受如此巨大的困擾！

　　不知甚麼時候，雨竟悄悄地收網了，海風依然啪啦啪啦，不停與芭蕉葉比賽擊掌。忽然一陣人潮騷動，婦女小販急忙收拾籃筐和草席，隨旅客一起湧出房子。公關對我說：「輪船來了！」

　　雙腳踏出門檻，幾盞燈火從近處的海上照來，光燦奪目，使整個原本昏沉漆黑的渡頭頓時明亮起來。軋軋的引擎聲由遠而近，輪船果真從黑暗裡破浪現形了。雖然是長達八小時的遲到，但旅客依然掛著一臉的歡笑。

　　輪船泊岸，在風雨如晦的荒村磨蹭了長長的一夜，我終於有緣登上了漫漫的旅程。

2002年3月29日刊於《南洋商報》

我的所羅門處女航

　　在荒村被狂風暴雨揶揄了整夜，
終於在晨曦微露時刻登上了客船，向
目的地航行。

　　由本迪卡羅到基索，輪船在島與
島之間穿梭繞行，途中經過無數靜寂
的村落和荒鎮，一路不斷吞吐渡頭上
的旅客，還有貨物。

　　我來所島農耕已經五年，貪圖
快捷和方便，平時出入總是利用空
路，輪船似乎成了只有島民才乘搭
的交通工具，外賓寧可不出門也不
願去擠輪船。

　　其實，真正要品賞島嶼景色，瞭
解土民的生活和風俗習慣，搭乘輪船
是唯一的也是最直接的選擇。

　　因為高空飛行，在幾萬公里的
雲煙裡穿梭，舉首仰望盡是碧空萬
里、雲絮浮游；俯瞰但見綠野蒼茫

▲　四面八方的舟艇
　　靠近輪船卸貨

和藍海浩瀚。一切皆為遠距離的投影，縹緲而迷離，無法窺視真貌。

所以，乘搭輪船是我多年來夢寐以求的心願。但是，我的憧憬只到嘴邊就被同事嚇退了。勸阻的理由不外乎萬一暈船嘔吐，比重病還辛苦；輪船人多貨雜，擁擠悶熱；設備差勁，要命的是經常誤時。原因還有很多很多，看來也全是善意。我的乘船夢想如此一擱便沉延迄今。

從霍尼亞拉到西省首府的海航，有兩艘中型的輪船川行，都是人貨兼載的。我搭的這一艘，稱魯民瑙號（Luminao），有三十多年船齡了，雖然兩年前送至斐濟島大事修理，但也無法掩飾她經過歲月滄桑的老態。

鞋子一踏上船艙，我即有這種感覺了。

歲月無形，但衝勁十足，誰有能力阻遏時間河流的滌蕩呢？

魯民瑙號為華裔經營，大約可容八百乘客。另一艘由西省政府投資建造，三年前才加入航業，稱多摩哥號（Tomoko），設備較先進。兩船的航線相同，票價也劃一，只是出發時間各異。為了配合我在西省的活動時間，我選乘魯民瑙號。

魯民瑙號分三種艙位，冷氣廂房全程所幣一百四十三元，一等艙一百零五元，經濟艙七十九元。公司替我訂了廂房，通知我廂房不只有冷氣，還有私人浴室和床位，設備可謂齊全，令我欣慰不已。

在正常情況下，由京城到基索的海程，二十四小時便抵達了。我是在中途上船的，心想十餘小時遊覽沿海景色，一幌便過了，應該不會有空檔讓我沉悶的。

但是，事情出乎我的意料之外，我和公關竟在船上渡過了二十四小時。

＊　　　　　＊　　　　　＊

　　客船泊岸時，我有點不知所措，因為上下的乘客和貨物，委實難以計數，場面陷入一面混亂。我和公關擠了好久才登上船，找到座位。人地生疏，燈光又暗，舒暢的廂房不知在那裡，心想暫且委屈一下吧。怎知直到輪船啟航後將近一小時，才找到一位服務生詢問，把那張公司轉來的船票交上，他看後還要打無線電話至總部查詢，確定之後才叫我跟他走。原來廂房設在船頭，左一右一，只有兩間。

　　廂房深鎖，服務員沒有鎖匙，要去找船長，結果又半小時才慢條斯理地回來。打開門，廂房裡頭暗麻麻的。他說他去拿燈管，又拿了半小時。接上去後，我才從燈光裡發現，冷氣機也許拆去修理了，留下一個以木板嵌補的缺口；廂房中間放著一張墊褥單薄的床，不見枕頭。冷氣壞了，又沒有風扇，四面銅牆鐵壁的密室，其悶且熱的情況可想而知。

　　——朋友，可有風扇？

　　雖然付了冷氣廂房的票價，但我知道，這時候提起冷氣徒傷感情，不如求其次。

　　——對不起，先生。

　　在文明邊緣的群島徘徊多年，自然瞭解這兒的生活環境和條件，一切都不可強求；更何況，船艙總會比在荒村裡備嘗風雨枕木而眠舒服得多吧！

　　服務員把看海的小圓窗打開，有一點空氣飄進來。但是我的汗液依然冒不停。安頓好行李，略為休息，就跑進浴室，等我沖洗完畢，才發現浴室排水不通，以致漬滿了污水，只好踮起腳跟跳出來。

　　穿好衣服，為了逃避熱氣，忙不迭地走出廂房，在外面吹海風，抖擻抖擻精神。

　　這時候，輪船已經乘風破浪好幾個小時，天也已經大亮，可惜是在內海航行，四面八方全在島嶼包攬圍繞中，無法觀賞到美麗的日出奇景。

　　輪船在村落的渡頭停泊，通常都是半小時左右，但是到寧宜（Ringgi）渡頭，輪船剛離岸不久便拋錨，幾小時後還不見動靜。公關去查詢，才知道輪船這次真的「拋錨」了，正在進行修理。這時正逢夕日西沉，暮靄四合時分，輪船靜止在茫茫海中，動彈不得，船上又買不到食物和飲料，真是又渴又餓，比坐牢還難挨。

　　我無聊地走下艙底看看，幾個手拿工具的維修員正在手忙腳亂，對著機器東瞧瞧西敲敲。直到次日日落，機器才恢復操作。

　　我的所羅門群島處女航，最最令我刻骨銘心的事，竟是在船上餓足了十二個小時。

2002年6月19日刊於《南洋商報》

漫遊在島與島之間

　　為了貪戀島嶼風光和民俗文化，我選乘陳舊又擁擠的輪船去西省的首府基索。

　　因為這個選擇，我在荒村風雨中從黑夜熬到黎明。

　　也因為這個選擇，我從黑夜捱餓捱到白天。

　　不過，我沒有後悔，一點也不後悔。我不只領略了島嶼旖旎的風光，也同時體悟了文明以外，落後地區村民底生活狀況。

　　這種機緣，有時候不是略受苦頭即可獲得的。

　　我從中途上船，要經過加西尼（Nggasini）、奇亞（Chea）、巴都提瓦（Batutiva）、維如（Viru）、烏喀來、文打（Munda）、寧宜等多個村落的渡頭，旅客和貨物起起落落，長途的旅客也上下買食物充飢。也真奇怪，可容好幾百乘客的郵船，竟沒有飲食廳。

　　這些分佈在不同島上的渡頭，或稱為據點，其簡陋程度和我夜宿的本迪卡羅無分上下，有些渡頭甚至輪船無法靠岸，旅客就需由獨木舟或汽艇承接轉運了。

　　整個上午，輪船都環繞著靜寂無波、江岸如畫的馬洛科內海航行。馬洛科內海不只是所島最大的內海，也是世界最長的內海。島民常以擁有這個內海深感驕傲。聯合國文化文教組曾經提議，列馬洛科內海為世界保護自然文化遺產。

　　整個內海海水碧澄，清澈見底；最奇特詫異的是分佈在內海的大小島嶼，圓扁長狹、方棱凹凸，忽而龍蛇爭珠，忽而玳瑁章魚現形。其形狀之怪異、多變，直教我五目眩迷、心曠神怡，還有驚嘆！

　　中午時分，魯民瑙號徐徐駛進新佐治亞島的烏喀來渡頭，準備泊岸。錨未落海，聚集在邊岸的汽艇和木舟即如脫弦之箭，從四面八方向輪船圍過來，其緊張之情景，宛若上前線衝鋒陷陣。這當兒，輪船之前後左右，全被靠攏來的舟舟艇艇佔領了。每隻舟艇都有幾名土人，他們攀上輪船，把貨物搬下，有些人留在舟艇上接應。

　　這些貨品主要是米糧、麵盒、罐頭、香菸、啤酒之類，土產包括蕃薯、木薯、椰子、香蕉等。他們全都急急忙忙，爭先恐後，視甲板為無物。起初我感到奇怪，後來看到他們上好貨物，舟艇朝不同的方向消逝，我才頓悟：原來他們並非烏喀來的村民，因為沒有陸路交通，鄰近村民唯有靠舟艇運輸和往來了。

　　烏喀來村落的名字在我心中植根已久，原因是很多油棕工友都來自這裡，服務態度和勤奮等紀錄都遠較其他地區良好。所以，輪船停泊之後，公關和我一起下船登岸，詳細地遊覽觀看，也順便解決我們的午餐。

　　渡頭上除了上下輪船的人潮，還聚集了不少好奇和湊熱鬧的村民。在通往渡口的路邊，也圍著一大群人，有不少我認得是同船旅客，原來他們也來選購食品。肚子嘀咕好一陣了，我忙擠進人群去，雖然擺在台板上的都是土產食物和水果，但對一個飢餓的人來說，如同救星，產生無限喜悅。更何況，石頭燒魚、木薯烘糕、葉包芋餅，都是充滿所羅門鄉土況味的製作，在許多餐宴中我都品嚐過，留下美

好印象，自然不會拒絕點選。另外，也買了香蕉和青椰。

有一位婦女向我推銷一種形如百香果的果實，我第一次見到，不敢嘗試。她說是「蘋果」，我還是向她搖搖頭，堅持不買。回到船上，看到一位女士在吃，問她味道如何，她慨然將手中的另一個讓給我。我按照她的吃法，剝成兩瓣就咬，果肉柔軟而多汁，除了清甜，還帶有一種淡淡的薄荷味。於是，趁船未走，叫公關趕緊上渡頭去買「蘋果」。

輪船航出了馬洛科內海，浮現在海上的島嶼逐漸疏落，浪濤敲擊船舷的聲響和頻率也愈緊。

約在下午四點鐘，文打碼頭在望了。這是一個西省中部規範的鄉鎮，兩年前和妻子曾慕名前來度假，是垂釣及潛水的勝地。文打不只有機場，有設備完善的度假村，同時還有商店與醫院，為所島著名的旅遊景點之一。

可惜，因為文打港口水淺，導致魯民瑙號隔岸拋錨，停在離開文打兩公里外的海域，旅客得改坐舟艇上岸；繼續航程的旅客也不便上岸購物或做短暫的歇腳，留下點點遺憾。

也因為這樣，再加上起落的貨物旅客眾多，輪船停泊的時間超過一小時。從文打再出發，輪船進入另一個風平浪靜的海域──瓦那瓦那內海（Vonavona Lagoon）。同樣是島嶼星羅棋佈、怪狀奇形、神祕弔詭，鉤人心魂！

這時候，已是下午時分，太陽已改了臉色，變得溫和而體貼。我從斜梯攀上輪船的頂層，涼風拂面，清新無比；登高臨遠，碧海藍天，兩岸的旖旎景致盡收眼簾。

　　過了文打碼頭不遠，輪船忽然航入一條狹長的水道，其寬度大約只容兩艘魯民瑙號穿行，惟海水深藍，足見它的深度非比尋常，所以輪船並未減速，足足花了二十分鐘才渡過海峽，重見遼闊渺茫地大海。

　　這條狹長的海峽，有個令人難忘的美麗名字——鑽石海峽（Narrow Diamond）。據說日本侵佔所島時期，把鑽石海峽視為西部守衛的據點。

　　魯民瑙號的下一站是寧宜，在奇嶺班加拉島的南岸。從地圖上看，這個島就像漂浮在海上的一個大汽球，圓滾滾的，嵌於維拉臘維拉與新佐治亞兩個大島之間。

　　可是，魯民瑙號一到寧宜岸外，引擎就產生問題了，一直拋錨到翌日天亮才啟動。所幸半數旅客已在中途下船，只有到基索的搭客受困船上，挨盡飢寒寂寞之苦。

2002年6月25日刊於《南洋商報》副刊

火山島上的仙鳥

　　初臨所島的時候，一天工友忽然送來兩個蛋，說是翻土種植時挖到的，比雞蛋略大，並告訴我是一種鳥蛋。蛋有這麼大，那一定是龐然大物了，我心裡當時這麼想。

　　於是一睹這種鳥的急切心願，便從那刻滋長。

　　這種被土人稱為美加寶的鳥，是所島的特產，望古奴島的綠林也經常出現，但只是驚鴻一瞥，往往「啪啪啪」即消失在叢林裡，無法細觀它的體態風貌。

　　後來我得悉基索鎮西北面的新普島是美加寶島底天堂，還以架棚保護的方法來引鳥生蛋。這消息帶給我莫大的驚喜！

　　這一次為了公事，我和公關到基索。公事辦完後，我說一定要去新普島觀賞美加寶鳥。因為新普島就浮在基索鎮對岸的碧海中，彷彿遙遙地對我含笑，作出默默的召喚呢！

　　於是就去找舟艇，因為去新普島沒有空路。問了一家旅店的旅遊組，租艇所幣五百元，汽油另計，算算要近千元，費用比飛去京城還要驚人。正在猶豫，忽然想起州長提過他有一位親戚曾在新普島住過，對這種鳥作過研究。於是我們回去旅店打電話，不久有兩個土人青年來敲門，其中一人就是州長親戚，名叫羅里馬（Lorima）。

　　我開門見山，說如果太貴就不去了——其實心裡恨不得快點飛到島上。他們並沒有漫天開價，租艇二百元，汽油五十，駕汽艇和導遊費各一百，合共所幣四百五十元，比先前旅店接洽的便宜了二分之一，於是馬上決定了，言定次日一早出發。

　　從基索乘舟到新普島，需一小時又四十五分鐘，我們早上添好油，便離開市鎮了。在所島漂泊了多年，深懂這裡的生活環境，所以出發前作了些準備：買了幾瓶礦泉水、麵包、餅乾、泡麵，還有多罐金槍魚，免得再受饑餓之苦。

　　汽艇出了海，約航行了半句鐘，前方是一片茫茫的海闊天空，找不到半個島嶼。這時海浪開始洶湧喧嘩，一波波像緊鑼密鼓，不斷敲擊我們的汽艇。我們的身體隨風浪、汽艇而不停搖擺震盪，浪花由舟舷如箭雨一般向我們身上撲來。艇上沒有救生衣和救生圈，在浪濤起伏的渺茫裡漂浮，我是旱鴨子，心湖不禁由緊張而憂慮起來，甚至有點後悔。

　　——為了看鳥而甘冒葬身大海的風險，值得嗎？

　　但此刻我已身陷險境，早無退路了。繼續前進是唯一的選擇。

　　「別擔心，這樣的風浪太平常了，別擔心！」羅里馬不停安慰我。

　　上天保佑，九點半的時候，我們的汽艇終於安全抵達了新普島，但汽艇繼續沿著邊岸航行了十多分鐘才拋錨，因為從這裡走上去，才是火山邊緣，即是美加寶鳥產卵的聚集區。

　　有幾名地主在岸上等遊客，一見帶隊的是羅里馬，深知沒有賺錢的希望了，大家只有熱情交談。我們坐在岸上休息，不是疲倦，因為羅馬里說幾個火山區都要到十點才開放。土人有許多禁忌，我也不便多問。

我吩咐公關把帶來的食物分給大家吃，一來當作給村民的見面禮；二來要登山，減輕背包的負擔。過了不久，我們開始行動了。起初沿著海岸走，一路都是大塊大塊的巖石，大家就從巖石上小心翼翼地走過。走了約半公里，轉入陡斜的荒徑，發現山坡上有幾棵果樹，羅里馬說這裡原是村落，後來火山爆發，村民搬遷別處去了，留下了一片靜寂與荒涼。

　　我們繼續向前走，樹林藤蔓愈來愈密，地勢也愈來愈陡斜。忽然山腳下出現了一片遼闊的綠湖，湖岸停泊著幾隻獨木舟，離湖岸不遠，有白煙裊裊升起，走近時才知道原來是溫泉。泉水沸滾而燙手，冒出濃濃的硫磺氣味。這溫泉對我缺乏吸引力，馬來西亞有更多美麗的溫泉，而且可做溫泉浴。

　　撇下溫泉，往更高處攀登，雙腳開始感到吃力了。尤其是頭高馬大的公關，已經氣喘如牛。

　　「加油，快到了！」導遊羅里馬為大家打氣。

　　不久，叢林間終於出現了東一處、西一片，零零亂亂的亞答棚（亞答，一種

▲　美加寶鳥
　（圖照由基索野生動物保護基金會提供）

棕櫚葉），看去疑是貧苦人家的矮房子。原來這就是美加寶鳥產卵的地方。

　　新普島的頂峰是火山，共有兩座，我們登的一座名為新普火山，高一千餘公尺，最近一次爆發是在八年前。美加寶鳥喜歡在鬆爽微溫的火山土中生蛋，讓蛋在土層裡自動孵化。

　　美加寶鳥和山雞差不多大小，樣貌和體重也接近，與山雞一樣是屬於陸地生活的禽類。它們的翅膀羽毛斑駁灰淡，不若山雞那麼玲瓏多彩；但美加寶鳥蛋，大如鴨蛋，更奇特是蛋黃高據七成，蛋白卻薄如卡紙。鳥蛋的形狀也很特殊：比鴨蛋略長，兩頭等形，不像雞蛋或其他鳥蛋頭大尾尖。因為蛋黃大，營養豐富，所以成為新普島村民日常喜愛的主要食用品。

▲　冰谷與公關品嚐鳥蛋

　　美加寶鳥產蛋之前，必在土中挖掘一個三尺深且寬可容身的洞穴，產下蛋后蓋好，才消失在森林裡。火山鬆土可以減輕它們的挖土工程。美加寶鳥的產蛋時間在清晨五點至九點，或下午

四點至七點。這兩段時間，不要說遊客，連地主也不能進入「產卵區」，以免干擾和驚動正在產卵的群鳥。這時我才明白導遊十點才帶我們上山的原因。

我們彎腰進入一戶低矮的亞答棚，見到好幾堆出土的鳥蛋，地主仍在用盆子翻土搜索，看見我們進來，隨即放下盆子，滿臉笑容地坐下來和我們談話，態度誠懇而親切。他說他共有兩個亞答棚，每個棚可以拾取二十至三十個鳥蛋，每一個蛋在島上的售價一元，島外賣二元。他每天有近百元收入，比在京城替人打工的入息還要好。

新普島民的收入六成是靠販賣鳥蛋，其次才是補魚和種植。火山區有幾百個亞答棚，根據一九九八年所島世界野生動物保護基金會的調查紀錄，火山島上的鳥蛋年產高達十四萬個，數量頗為驚人！

我們養雞、養鴨，必須搭棚架屋，還要以昂貴的飼料飼養，每個蛋的售價只不過二十多分，可謂慘淡經營。神奇的美加寶雌鳥成長後常年產卵，從不停頓，每月產量達二十四至二十六個。難得的是，它們有一個習慣，只要沒有遭受干擾，每天都會來相同地點生蛋，地主可以高枕無憂地等待收成，不需花錢飼養。是故，島民對美加寶鳥敬愛有加，還給它們取了個動聽別稱——新普島的仙鳥（The God Of Simbo Island）。

美加寶鳥長期產卵，且蛋又特別大，每天營養和體能的消耗量大，所以，一般推測，它們的壽命要比其他禽類為短。果真如此，那可用「春蠶到死絲方盡」來形容了。

　　蓋棚架屋之後，再將土層掘鬆，棚架底下不受風吹雨打，終年乾爽，就自然成為美加寶鳥的理想產卵溫床了，但舒適環境的背後竟是一個美麗的陷阱，它們辛辛苦苦產下的蛋並不能傳宗接代，卻昏昏懵懵地被人奪走了。

　　村民這樣的佈局，鳥蛋唾手可得，但對仙鳥的繁殖極為不利，「漏網」而有機會孵化的鳥蛋數量極其有限，成長的機會又異常稀微，美加寶鳥的生存前景就成為令人擔憂的課題了。

　　生怕有朝一日這種特產飛禽會從所羅門群島上消失，西省政府聯合野生動物保護基金會成立了一個「新普島美加寶鳥管理委員會」，規定每年七至九月這段時期為「封閉季」，任何人包括地主都禁止進入產卵區，希望這三個月內的鳥蛋全部獲孵化，完成繁殖傳種的任務。可是，其後發現仙鳥的數量依然不斷下降，因為大部分人沒有遵守條規。不得已之下，該委員會又製定了「美加寶鳥法令」，以便可以提控不守條規的地主。

　　對於經常出沒、長期產卵，供應豐富營養給島民的仙鳥，雖然源自遙遠的古代，但迄今人民對它的認識仍然有限，尤其生活習慣、成長過程和覓食狀況，都充滿神祕詭譎，像一張張無法掀開的謎網。譬如埋在三尺深土裡的鳥蛋，孵化成小鳥後如何懂得以其脆弱的身體破土而出；毛絨絨、不會飛的它們，在缺乏雙親帶領和保護之下，如何孤獨地在荒林裡面對挑戰、掙扎生存。

　　這些問號，都異常有趣，且值得一一去解讀、深究。

　　為了更有效的、更進一步的保護美加寶鳥，所島世界野生動物保護基金會的領航、也是著名女詩人的朱莉·麥金妮獨具慧眼，在她

精心的策劃之下，該會於一九九七年通過一項提案，聘請紐西蘭動物學家羅斯‧新凱萊爾（Ross Sinclair），專程前來新普島研究各項與美加寶鳥有關的課題。羅里馬即是羅斯當年的得力助手之一，難怪他對鳥的生活狀況介紹得淋漓盡致，讓我留下深刻難忘的印象。

剛孵化的美加寶小鳥大如小雞，羅斯在小鳥出土時繫上追蹤器，結果有重大驚人的發現：能夠在一年內突破環境、安然繼續享受生命樂趣的小鳥為數只有兩成。羅斯同時也由追蹤器探測到，小鳥除因自然環境淘汰，受貓、狗及其他動物傷害的數目也很大。所以，為了讓美加寶鳥長期有個安全的生存空間，一九九八年之後，島上開始消除貓狗，不得再飼養。

羅斯‧新凱萊爾確為仙鳥做了不少研究工作，貢獻尤大。可是，對它們的成長過程依然是謎，因為從來沒有人見過成長中的美加寶鳥在荒林裡出現，直到牠們長大，尋找鬆土產卵為止。

羅里馬帶領我們參觀了十多處亞答棚，地主都為著相同的目標而忙碌——翻土拾蛋。但見到我們都會暫停工作，侃侃而談，有問必答，還很樂意讓我拍照。

我們一路往上走，山徑崎嶇，怪石當道，凹凸陡斜，還得攀藤扶樹，足足左蹬右轉了整小時 ，才登上峰頂。陣陣濃烈的硫磺味隨即撲鼻而來，亂石鋪天蓋地，寸草不生，便何況是參天古樹了。這時刻，我才發現原來自己早置身於荒涼殘境，腳下踩著八年前發怒的火山吐出來的殘渣——碎石和巖漿。難怪這一帶四處還瀰漫著高溫的氣流，令我們有如進入了一個大蒸氣爐，雖在高山上，竟也大汗淋漓。

這些東一處、西一處的地下氣流，因為常期性噴出，形成了許多白煙裊裊的洞口，這證明了新普島火山還是一座活火山，隨時都有噴漿爆發的能力。這時正當中午，正是腸胃不安時刻，幾個村民手拿蕃薯、木薯和美加寶鳥蛋，混合枯草一起塞入噴熱的洞口，利用熱氣把食物煨熟。我好奇地趨前觀看，其中一個村民叫我稍等，讓我品嚐這種新奇的「煮」法滋味。約二十分鐘後，他用一根樹枝把燙手的食物一一扒出洞口，風涼之後，大家便蹲在亂石上吃起來。無論是蕃薯、木薯或鳥蛋，味道都比用鍋加水煮熟的鮮美得多。這種烹調使我想起旅遊北京時嚐過的「煨地瓜」，保持了蕃薯的原味。

我們昂立頂峰，火山爆發所形成的大缺口就在腳下，斜斜地向下望，裸露的半圓形火山口如同炸彈轟開的大地穴，還冒著炙熱的煙靄。蒼天朗朗，陽光亮麗，遠遠見到幾個村女正在那裡撿硫磺，足見其熱度已在歲月的沖洗下冷卻到可以親近了。大概島民也知道，遍地的硫磺是寶，皮膚病患者的良藥。從火山口再望過去，是一片渺茫盪漾的碧綠大海，那是潮起潮落、永無停歇地呼喚的南太平洋。

離開下臨無地的火山口，羅里馬帶我們轉從另一條山徑下山，重新投入幽幽的森林，為美加寶鳥遮風避雨的亞答棚又陸陸續續出現了。但已是午後時分，多數地主都拾完鳥蛋，回村轉賣去了。只見有個地主在修棚搭架，把破舊腐朽的亞答補換，畢竟那是他長期的經濟來源呵！

這一刻，除了我們四個遊客，可謂空山寂寂，萬籟無聲，突然聽到「咕咕咕」的叫聲，從鄰近的林野中傳出，羅里馬馬上噓聲

叫我們放輕腳步，同時學他伏下身體，接著有幾隻大鳥從我們頭頂「啪啪啪啪」地掠過。

「美加寶！美加寶！」羅里馬興奮地喚，眼睛銳利的他還說是兩隻雄、兩隻雌。我只見幾個淡灰斑駁的影子忽然一幌，從高空掠下，然後竄入矮林中去了。美加寶鳥從不高飛，也不棲憩樹上。它們平日都是在地上活動、覓食，生活習慣與山雞無多大分別。

但是山雞築窩產卵，小雞出生後，照顧牠們直到有能力生活才分離；而美加寶鳥只顧拼命生蛋，完全不理會養育的事，甚至於不築巢、不孵蛋，真是一種很奇特的、詫異的飛禽。

回程的時候，汽艇泊在一個村落，我們上岸去買鳥蛋，入寶山不能空手而歸，何況這裡與外面的價錢相差一倍。羅里馬不知從哪裡弄來兩個西瓜，抱到汽艇上，我正想付錢，他忙說：「親戚種的，免費！」

汽艇軋軋地離岸，向著小城基索開動，浪潮依然像我們來時一樣怒吼洶湧，以相同的力度敲擊艇舷。我們吃著鮮甜的西瓜，告別了仙鳥聚集的火山島。

2002年9月3日刊於泰國《世界日報》

山寨，小小的地球村

　　一如潺潺而流的溪水，時光總不經意地自指縫間隱逝，緲無痕跡。我離鄉流放在小小的山寨墨如蘇，一待便六個春秋寒暑，江山有約，賦歸無期，我唇邊仍吹著那支飄泊的笛子。

　　小小的山寨，在綠島望古奴的東面。雖名山寨，卻是綠島最具規模的村落。寨中除了佔地最廣、零零落落的住宅，就是公司的辦事處、修車廠、學校、教堂、診療所。我的宿舍雖然朝東，但見不到日出奇景，因為橫臥眼前的是挺拔巍峨的也是一座綠島，其塔形的絕頂終日嵐靄氤氳、煙霧迷離，成為我靜坐廳堂歇憩時百看不厭的自然景觀。

　　山寨原是開林伐木紮營的地方，所有設備都屬臨時性的，工作一旦結束，設備也隨之轉移陣地。墨如蘇稍有不同，因為要開闢油棕園，一面伐木一面種植，住宅也隨著員工的增加而變動更新。墨如蘇存在已超過十年，不但不會在歲月中消失，反隨著油棕種植面積的累積而逐漸發展為一個鄉鎮。

　　因此，山寨是八方風雲、龍虎薈萃之地，兼之伐木、種植兩大機構融聚一體，變得人才更加兼容並儲，各顯乾坤。望古奴全島山巒起伏，兩座豐乳似的顛頂提舉約一千兩百米的蒼翠，蔭蔭鬱鬱，平日總像含羞答答的少女般，以霧紗籠罩著尖挺顯眼的部位，朦朧

而縹緲。綠島的地勢由絕頂向四面頹然傾斜到海岸，構成地無三尺平的氣勢，把許多難題拋給開荒闢地的人。

對山寨而言，我是遲來的接班人，當我落腳綠島時，大都已具規模，水供電流等基本設施都在操作了。我得感激第一批拓荒者，篳路襤褸、披荊斬棘，傳到我的手上，不只山寨的活動已正常，甚至通往山林的道路也通暢無阻，替我簡化了不少割山填土、修道建橋的工程。

山寨不大，卻成為各地精英匯集之地，馬來西亞人專事管理，菲律賓人掌測量和機械修理，印尼人駕鐵甲車拉木，這些都是自外國精挑細選出來的人才，具備了專業水平或工作經驗。來自鄰近島

▲　冰谷生活照，背景為辦公所

第二輯・面山背海的日子

171

嶼的土人工友，專伺伐木和運輸。所以，山寨人口國際化，就像一個小小的地球村。

　　我住在最靠前的一間宿舍，透過防蚊的紗窗朝外望，岸邊碼頭上四時不絕都是縱橫交疊、堆積如山的圓木桐，靜靜地在等待遠洋的大輪船，以完成它們出國的夢想。船到之前，木商經紀先來選木，分門別類、各擇所需。他們往往會在山寨逗留三兩天，吃住全免，成為山寨的嘉賓，任務圓滿後才離寨。經紀商人也很國際化，馬來西亞之外，還包括日本、韓國、台灣、泰國、菲律賓、越南等國。也許是轉換了碼頭，近年來台灣、越南的買家漸漸成為山寨的稀客，緊接登場的是中國大陸買家，頻頻到墨如蘇來搶灘，成為我們山寨的經濟堡壘。

　　運載圓木的輪船，每月總有一兩趟現形山寨的海岸，把木桐逐條逐條吞進它的腹內，打嗝之後才鳴笛，拔錨啟航。這個過程，也往往需三兩天操作。對一向過著平淡時光的寨民，正是個大喜的日子，從上而上，找機會爬上輪船買免稅商品。較有積蓄者選電視機、音響、冰櫃等高檔的消費品，經濟較差的找光碟、香煙和啤酒。有時候，土人也以鮮魚、龍蝦與船員作物物交換，不必套現，皆大歡喜！

　　我也喜歡上船去和船員打交道，聆聽不同國家、不同輪船的異鄉風情、尋風問俗。只要有空，船員都會侃侃而談，敘述他們的見聞和經歷。偶爾遇到熱情的船長，還會招我到冷氣的辦事處，沏一壺龍井或一杯茅台，緩緩地閒聊。曾經和一位台灣輪船的船長，剪燭長談至夜深人靜，知道平日在山寨我以閱讀、寫作消遣，臨別時

特地送我很多雜誌和舊報，讓我獲得數月的精神糧食，真是一個意外的收穫！

農耕怕旱，山門忌雨，偏偏望古奴島常年潮濕，雨水每年以四千五百毫厘的驚人數據壓境，使到山門的生產操作常遭停頓。從伐木到拉木，從疊木至運載，無一不深受影響。天昏雲黯，風嘯雨吟，工友每週總有三幾日待在家裡閒蕩優遊。這時候，不但山門寂寂不聞車聲人影，連油棕種植園也一樣難尋人跡蹬音。

不過，一旦天晴路乾，出門的活動如爛火重燃，夜半三更依然聽到載木的隆隆車聲，那麼急促、那麼深沉，衝向黑暗，彷彿要趕在風雨重來之前，把滿山積壓的木桐送到碼頭，把雨天失落的時光擁攬回來。

山寨，是宗教不同、信仰各異的人民和平共處的營陣，在我的心湖卻幻化成一幅多元種族集體生活的構圖。

2002年9月3日刊於《南洋商報》副刊

尋找地緣與血緣的平衡點

　　重視地緣與血緣是大多數民族的特性。華裔飄流海外，也不忘集聚結緣，廣東、福建、廣西、潮州等會館的存在，是地緣性的號召力量；李氏、林氏、陳氏宗親會建立，則是血緣凝結的脈絡。

　　所羅門島民對地緣與血緣的觀念，長久以來便根深蒂固，甚至於他們對民族觀念所堅持的態度，比我們華裔更熾熱，令我感到非常迷惑，像一團難以掀開的霧幔，裡面飄曳著深深的神祕和詭異！

　　所以，地緣與血緣觀念，成為所羅門島民的傳統文化結構，控制著他們的民族情結。

　　許多文明進步、文化悠久的國家，城鎮裡大街小巷乞丐隨處向人伸手，給旅遊業帶來諸多困擾。所島屬於貧窮小國，介於文明與落後邊緣，百分之九十超高的失業率卻長期維持了全國的政治穩定，而更令人驚奇的是城鎮沒有乞丐。這是連文明先進國也難以實現的夢想，給所島京城嵌上使人難忘的美好形象，聽起來這彷彿是天方夜譚！

▲　京城霍尼亞拉的最高法院

從宏觀角度，這現象的確叫人驚訝。但當我撥開霧幔做微觀研究，不禁驀然體悟，原來都是地緣與血緣發揮的效應。

　　霍尼亞拉是九省精英矚目的焦點，和島民夢繞魂牽找商機的唯一門戶。所以，京城無形中接收了一股盲流，日裡到處人潮摩肩接踵、熙來攘往，仿若一片繁華盛景。可是，這股盲流一到深夜即消聲匿跡，失去了蹤影。沒有流浪漢露宿街頭、落魄深巷的悲哀場景。

　　原來這股浪蕩城區的盲流，入夜飢腸轆轆之際，親戚鄉友的家便成為他們的避難所。作為主人，必須殷勤招待所有到來的鄉親，不是一天、一夜，而是無年無月，只要他們一日不走，主人就得承擔他們的衣食住行，決不可有半點猶豫；只要有一碗飯，或幾條蕃薯，都得均分，直到餐糧盡罄為止。

　　島民對地緣與血緣的重視，沿襲自荒古，有一個專門名詞叫「wan-tok system」（one-talk system），直譯是「同語制度」。

　　我們的山寨，也因受同語制度的影響而人口爆升。當村人找到一份收入可觀的職業，生活稍為鬆緩，親朋戚友即找藉口來投靠，尋職、拜訪、路過是最常用的理由，便這樣短期或長期無所事事地住下去了。我有一位島民副經理，薪餉足以支持一家六口，但時常捉襟見肘，雜貨店每月貸帳經常超越薪餉，甚至有時向我借貸，我不免問起他有關開支的去向，他囁嚅支吾，最後才說：「家裡來了很多wan-tok，伙食開支龐大。」

　　「親戚怎麼可以長期住？何不把他們送回鄉！」有一次我氣極了，向他建議。

「不行不行！」他氣急回答：「依我們的傳統習慣，驅趕人客是不禮貌的！」

「那就由你開始改革這個不良傳統吧！」

他聽了更加驚惶。如果他背叛這個傳統，回鄉將會被村人唾棄、謾罵、詛咒、譏笑、諷刺，病患沒有人探訪，更嚴重的是，去世時沒有親戚朋友來送葬，落得晚景悽涼。

因為這個緣故，所有島民遵循、崇敬傳統，大家都沿續地緣與血緣的習俗，一些勤奮辛勞、收入不錯的家庭，原本可以過較安逸舒適的日子，但因wan-tok的出現而變得經濟拮据、一貧如洗。然而，令人驚異的是，這些付出的家庭沒有任何怨言怨語，完全出自心甘情願。甚至對錢財，他們也一樣慨然分享。只要對方真的急用，總會慷慨解囊，直到自己分文不剩。

初到所島，對島民這種心態頗為不解。工人早上出門工作，很多人沒有帶午餐，休息用午餐的時候，眾人總是平均分配。可以五人一碗飯，十人一支煙，輪流一人一口，直到飯罄煙盡為止，沒有爭先恐後，一切秩序井然。

但是，這種過分觀照鄉親的傳統理念，卻帶來不少負面影響。一些貪圖逸樂、遊手好閒之徒，藉這種關係東飄西蕩，視親朋戚友的家為衣食住行的招待所。尤其是年輕一代，在京城完成學業之後，長期找不到職業，又不願回去偏僻貧窮的村落，唯有投靠親友，取得長期飯票，成為城市中的寄生蟲，社會進展的絆腳石。

血濃於水，血緣觀念原是每個民族的天生反應，值得繼續重視與發揚，但若藉鄉緣關係苟且偷安、圖謀依賴，就將造成社會停滯不前、國家陷於貧困的危境。

所國已被鄉緣關係長期困擾，且衍生為一項社會經濟問題，看來需要一番革命式的覺醒運動，讓這個傳統習俗不至於繼續遭受曲解、誤用，才不至走向負面後果。

我們只能把地緣與血緣關係當作一塊生存的踏板，不能視為求生的長期糧倉。但是，想要所羅門島民平衡這個歷來根深蒂固的理念，恐怕還路長漫漫呢！

2003年1月24日刊於《南洋商報》

石頭烘爐烹出的美味

　　現代科技日新月異，我們用電流或煤氣烹飪，已逾半個世紀了。因此，如果今天仍有人用石頭和火炭烹煮，肯定會被視為落後得不可思議。對我來說，木柴與火炭，也彷彿成為童年夢裡的記憶了。

　　但是，可能沒有人想到，在所羅門群島，土人依然以很原始的方法烹煮。他們既不用煤氣，也不用火炭，而是用石頭烘爐。不要以為只有偏居荒島深山的土人用石頭烘爐，城鎮的島民也家家具備了這簡單的烘爐。他們稱這石頭烘爐做「模杜」（motu）。

　　所島所有的河流，河床充塞舖陳的不是泥沙，而是大大小小、橢圓亮麗的卵石。初到望古奴島任職時，有一天，我見到土人到河裡

▲　在地下挖掘的石頭烘爐

撿卵石，裝了幾個小米袋。我好奇地追問用途，他回答說做「模杜」，同時知道我聽不懂，便解釋道：「模杜是用石頭堆疊成的烘爐，用來烘木薯、蕃薯和魚肉的火爐。」

　　一次，我參加土人的婚宴，終於嚐到了石頭烘爐烹出來的各種美味。

　　我們宴會聚餐，除了大鍋大蒸爐，還得動用大量杯盤碗碟、湯匙筷子等餐具，所島土人只靠石頭和椰子葉，便完成了整個烹飪過程，不只省去了許多器皿用具，也同時免掉了不少洗洗刷刷的繁複工作。他們用椰葉編織成各種體積的器皿，有長有短，如碗如盆，用來盛裝各種食物，用後就拋棄。

　　至於石頭烘爐，對他們來說，更是妙用無窮。石頭烘爐可以烘烤各種食物，用法十分簡單，製造方式也簡便。不必動用金錢購買任何器材，只需把圓形油桶割開，將洗淨的卵石裝進桶裡即成。遇到婚宴，要烹煮大量食物，也無須擔憂，在地上挖個尺把深的洞穴，卵石舖上去，就是大型的石頭烘爐了。

　　宴會前夕，廚師先把劈成小塊的木柴燒成火紅的炭，疊在挖好的土穴裡，將乾淨的卵石舖在火炭上燒熱，這過程需要幾小時。另一邊，婦女們把要烘烤的食料用葉片密包，卵石燒紅後便將一包包的食料擺在上面，然後再舖上一層燒紅的卵石，最後以香蕉葉把烘爐密封起來。

　　因為是利用石頭散發的熱能把食料烤熟，所以過程緩慢，要到翌日才可揭爐食用。但是，烘烤出來的食物，味道獨特，鮮美無比，令人齒頰留香。

　　用石頭烘爐製作的食品，既不沾灰，因有葉片包著，吃時將葉
片揭開，蕃薯木薯都一塵不染，吃得稱心快意！

　　雖然現代文明開始衝擊這個島國，但這種原始獨特、沿用廣泛
的烹飪方式，看來還是會逐代相傳下去。

　　　　　　　　　　　　　2003年5月19日刊於《世界日報》副刊

走出蒼林，作別藍海

　　聚精會神勞碌了整日，走出遼闊荒茫的原野，回首西望，聳然屹立、傲視藍海的望古奴山頂已暮靄迷離，陽光下一片蒼鬱陰翳的景色此刻也由濃轉淡了。

　　這是一個異國的黃昏。可是，我們紮營綠島東岸，連綿起伏的峰巒如同一幕大屏風，擋住西面所有的山山水水，所以蟄居營寨永遠無法目睹疲憊的落日欲去還留的旖旎姿彩。

　　今日，天高風清，透過雲靄的折射，有五彩繽紛的流霞投影在曲折迂迴的山徑上。我便這樣踩著路上碎落的霞光緩步回寨。

　　這是我享受綠島最後的一個黃昏了。

　　我彳亍獨行，心間千頭萬緒，充滿了矛盾，希望蜿蜒的山徑悠長迢遠，營寨在望不盡的山壑裡，讓我多跋涉幾里路，讓我多逗留一些時光在這叢山林野間。因為明天曙光初露，我便要離開綠島，作別這裡的藍天大海。

　　這一刻，我多麼渴望時間凝固，或者群島京城的航機誤期。

　　初臨群島原只盼飄泊兩年，但這裡的山光水色、蒼林原野、人情風物，竟把我緊緊地摟抱了長達六年，使我無法脫身。

　　在人生旅途上，四十年來蟄居荒林，從事農耕，由橡林到可可，由可可到油棕，兜兜轉轉盡是樹木叢野、餐風飲露，每天奔馳

在晴時塵煙雨來泥濘的迂迴山徑，隨著四輪驅動車穿山越野。城市，彷彿與我絕緣；溫暖的家，竟成我度假期間的臨時歇腳驛站。那雙餐盡風霜的破履擺在階前往往不及三週，便又得伴我浪跡天涯，回到蒼蒼原野，丈量山路的崎嶇與蜿蜒了。

記得離國當晚，大女兒在機場對我說：

「爸爸，您已蒼老了，農曆新年回來就退休吧！記得提早寫辭職信！」

提早寫辭職信，公司找到適當人遞補，也易於脫身引退，真是一語驚醒夢中人。過去曾兩度辭呈，都沒獲得公司頷首，一直拖延至今。我不是另謀高就，而是「辭官歸故里」，想一享清福。許多人像我這把年紀，早已撇下一切俗務，含飴弄孫或遊山玩水去了。只有我年逾六十，依然在人生的旅途上顛沛奔波，像晚空遲歸的一隻雁，在暮靄沉沉裡猶疲憊盤旋又盤旋。

構思了幾個夜晚，才湊足勇氣起稿辭職信，行文措詞彷彿比寫詩更難。對貼心了六年的生活環境，在作離去的決定時，那種一波一波如浪似潮的心緒衝擊，的確需要很大的耐力去擺平。

幾十年了，與青山綠樹對望，除偶爾思鄉而產生寂寞外，從未有過厭惡感。尤其來到海碧天藍、山青樹茂的所羅門，流放在一個偏遠孤獨的島上，如同隱居深山，過著背山面海的日子，白晝或深夜，碧澄如鏡的內海總在長窗外對我輕呼淺喚。天露曙色，那些星羅棋佈的島嶼就開始向我賣弄風情了。有時還可以見到幾葉載滿希望、夜釣歸來的舟影。

這時刻，也是我一日發揮體能的開始，在荒山野林裡尋尋覓覓，一方面要毀林伐木，另一方面要造林植樹，讓棕櫚的種子在這異域的疆土成長，列隊為林，並結出豐碩橙黃的果實。

　　這是我遠征群島、涉足異鄉的夢想。

　　當我的思緒像脫韁野馬奔竄之際，黃昏悄悄地將餘暉抖落翠谷裡。傾刻間，縹緲的山嵐在峰巒間開始旅程，我深切知道，路途即使迢迢，也總會走完的。黑夜即將掀張大網，我的步履依然不疾不緩。

　　一個誕生在橡樹林間，且在荒蠻叢野裡經歷了幾十年磨練的拓荒者，即使面對更深沉的黑夜，也沒有理由產生恐懼。

　　走出蒼茫陰鬱的林野，鳥聲蟲吟開始在身後逐漸稀落。山寨雖然已經不遠，但因為隱蔽在山坳的另一邊，我的視覺暫時還接收不到有關她的消息——但肯定廚房裡炊煙裊裊，燈火也正一盞接一盞睜開眼睛，靜候我的歸來。

　　這是我在綠島的最後一個黃昏了，明天我將離開這片山林原野。醞釀了近乎六年的情感、愛戀與倚偎的土地、島民和景物，明日一早便與我拉開距離，並迅速地隨著汽艇、飛機的聲響，漸漸自我的瞳眸中消失。但肯定的，決不會從我的記憶中埋葬，或者淡化。

　　　　　　　初稿於離寨前夕，2009年10月重修於雙溪大年

南太平洋的明珠

—— 掀開所羅門面紗

後記

有幸到所羅門群島體驗生活，是機緣。

那段日子與外界幾乎隔絕，卻是挑戰一個新環境。無論於人、於事、於生活，我必須重整步伐，重新出發。

啟動這個機緣的，是好友莊延波。這位豪氣干雲的《千山我獨行》（莊詩集）詩人，在所島的荒山叢野間遊走，經他大力引薦，我得以輕易走進業務跨國的黃金集團，走進文明邊緣的所島心臟，每天背山面海，悠悠六年。

這位行蹤飄逸、轉戰江湖的詩友，經常在所島與馬來西亞的天空來去，深怕土裡土氣的我，驟然流落異鄉孤寂無援，一再叮嚀屬下好好接待我。每次我從國門度假重返所島，或從孤島山寨到所島京城度假，在機場守候我的常是他的經理。因為他的車子總是比公司的準時。

這，使我落腳所島，就感觸到一股暖流，臨行前的種種憂慮隨風而逝，感覺前路一片海闊天空，增強了我對克服新環境的信心。

這個豐富了許多兒童夢想的神祕之國，其實與童話故事和寶藏全無糾葛，她只是浮在南太平洋裡近千個島嶼所組成的群島國，偏遠而荒涼，貧窮且落後。

　　但是，她在荒涼、落後中給人驚喜。國家對環保的認識比很多文明國先進，對天然資源的開發也非常謹慎，值得我們借鏡和仿傚。

　　初臨島國，發現京城街上巡警不佩槍，銀行不用保安，令來自發達國家的我無限驚訝！某次在鬧市駕車違規，交警禮貌地勸說：「這裡不可回轉，千萬要記得，避免危險。」這番話，使我心生感激。

　　這樣的一個人間天堂，卻因為2000年那場驚天動地的內戰，外國非法軍事的滲透，使純樸的人性開始有了顯著的變化。人們夜裡深巷踽踽獨行的膽量動搖了，報章上陸續出現了搶劫、兇殺等事件。戰爭，除了毀滅生命，同時也隱喻破壞原本善良的人性。這種衝擊力或比人命的損傷更可怕。

　　這本書裡出現的文字，都是旅居所島期間的點滴，涵蓋面也算廣闊，對所國的文化藝術、民俗風土、地貌風情、自然生態，都各成篇章。但限於個人的時間因素、知識學力，或許欠缺深層探索和有失全面之嫌，但若能讓讀者對所島增添一點地理風情，也就不失本書佔據書架的意義了。

　　把所見所聞化為文字，是應亞洲華文作家協會會長（現為世華作協祕書長）邀約為該會期刊《亞洲華文作家雜誌》撰稿，還囑多拍圖照，函中特別交待可同時投寄馬來西亞報刊登載。於是，利用同事追看連續劇、搓摸麻將或出海垂釣的空檔暇餘，我獨自伏案悠遊於文字組織的沉思默想。落筆有如蝸牛爬行的我，最快的佳績也僅每月兩篇而已。《亞華雜誌》為季刊，每月兩篇尚有存積，符先生即把其中一些篇章轉去台灣《中央日報》副刊

〈世界華文週刊〉亮相。其後因雜誌停辦了，我把部份文稿寄給主持《世界日報》的林煥彰兄，所以部份「所羅門系列」也在泰國的〈湄南河副刊〉見報。

本書所有篇章，先後刊於《南洋商報》副刊〈商餘〉版，感謝報章及副刊編輯給予機會，文稿刊登時還特別設計了醒目的版面，使這系列文字廣受讀者垂注。

對於所島地名的中譯，雖然都是音譯，唯中國大陸與台灣各不相同，連國名也各異，台灣習慣上把所羅門譯作索羅門，所島京城霍尼亞拉譯為荷尼拉，本書採納了馬來西亞報章的中文譯名。

文壇前輩姚拓先生在百忙中為小書作序，這位我年輕時的寫作導師，鼓勵有嘉，謹此向他致萬分謝意！而小書在台灣出版時姚老已辭世，沒有機會請他批審這本重新修定的文字，遺憾之餘，祝福他在天之靈永享安樂！

2009年11月重寫

南太平洋的明珠
—— 掀開所羅門面紗

國家圖書館出版品預行編目

南太平洋的明珠：掀開所羅門面紗 / 冰谷著.
-- 一版. -- 臺北市：秀威資訊科技, 2010. 01
面； 公分. --（語言文學類；PG0332）

BOD版
ISBN 978-986-221-383-4（平裝）

1. 遊記 2. 所羅門群島

775.19   98024111

語言文學類　PG0332

南太平洋的明珠
—— 掀開所羅門面紗

作　　　　者 / 冰　谷
圖　　　　片 / 冰　谷
發　行　　人 / 宋政坤
執　行　編　輯 / 藍志成
圖　文　排　版 / 蘇書蓉
封　面　設　計 / 陳佩蓉
數　位　轉　譯 / 徐真玉　沈裕閔
圖　書　銷　售 / 林怡君
法　律　顧　問 / 毛國樑　律師
出　版　印　製 / 秀威資訊科技股份有限公司
　　　　　　　台北市內湖區瑞光路583巷25號1樓
　　　　　　　電話：02-2657-9211　傳真：02-2657-9106
　　　　　　　E-mail：service@showwe.com.tw
經　　銷　　商 / 紅螞蟻圖書有限公司
　　　　　　　台北市內湖區舊宗路二段121巷28、32號4樓
　　　　　　　電話：02-2795-3656　傳真：02-2795-4100
　　　　　　　http://www.e-redant.com

2010 年 1 月　BOD 一版
定價： 230 元

讀　者　回　函　卡

感謝您購買本書，為提升服務品質，煩請填寫以下問卷，收到您的寶貴意見後，我們會仔細收藏記錄並回贈紀念品，謝謝！

1.您購買的書名：＿＿＿＿＿＿＿＿＿＿＿＿＿＿＿

2.您從何得知本書的消息？

　　□網路書店　　□部落格　　□資料庫搜尋　　□書訊　　□電子報　　□書店

　　□平面媒體　　□ 朋友推薦　　□網站推薦　　□其他＿＿＿＿＿＿

3.您對本書的評價：(請填代號　1.非常滿意 2.滿意 3.尚可 4.再改進)

　　封面設計＿＿＿　版面編排＿＿＿　內容＿＿＿　文/譯筆＿＿＿　價格＿＿＿

4.讀完書後您覺得：

　　□很有收獲　　□有收獲　　□收獲不多　　□沒收獲

5.您會推薦本書給朋友嗎？

　　□會　　□不會，為什麼？＿＿＿＿＿＿＿＿＿＿＿＿＿＿＿＿＿＿

6.其他寶貴的意見：＿＿＿＿＿＿＿＿＿＿＿＿＿＿＿＿＿＿＿

＿＿＿＿＿＿＿＿＿＿＿＿＿＿＿＿＿＿＿＿＿＿＿＿＿＿

＿＿＿＿＿＿＿＿＿＿＿＿＿＿＿＿＿＿＿＿＿＿＿＿＿＿

＿＿＿＿＿＿＿＿＿＿＿＿＿＿＿＿＿＿＿＿＿＿＿＿＿＿

讀者基本資料

姓名：＿＿＿＿＿＿＿＿＿＿　年齡：＿＿＿＿　性別：□女 □男

聯絡電話：＿＿＿＿＿＿＿＿　E-mail：＿＿＿＿＿＿＿＿＿＿

地址：＿＿＿＿＿＿＿＿＿＿＿＿＿＿＿＿＿＿＿＿＿＿＿＿

學歷：□高中(含)以下　　□高中　　□專科學校　　□大學

　　　□研究所(含)以上 □其他＿＿＿＿＿＿＿＿

職業：□製造業 □金融業 □資訊業 □軍警 □傳播業 □自由業

　　　□服務業 □公務員 □教職　□學生 □其他＿＿＿＿＿

(請沿線對摺寄回,謝謝!)

秀威與 BOD

BOD（Books On Demand）是數位出版的大趨勢,秀威資訊率先運用 POD 數位印刷設備來生產書籍,並提供作者全程數位出版服務,致使書籍產銷零庫存,知識傳承不絕版,目前已開闢以下書系:

一、BOD 學術著作—專業論述的閱讀延伸
二、BOD 個人著作—分享生命的心路歷程
三、BOD 旅遊著作—個人深度旅遊文學創作
四、BOD 大陸學者—大陸專業學者學術出版
五、POD 獨家經銷—數位產製的代發行書籍

BOD 秀威網路書店：www.showwe.com.tw
政府出版品網路書店：www.govbooks.com.tw

永不絕版的故事・自己寫・永不休止的音符・自己唱